インターネットの知的情報技術

eビジネスの理論と応用

菅坂玉美＋横尾 真＋寺野隆雄＋山口高平【著】
北村泰彦＋山田誠二【編】

Theory and Application of e-Business

e-Commerce and Agent
Business to Business EC
Business to Consumer EC
Smart Agent Environment

Internet Auction
Vickrey Auction
Dutch Auction
General Vickrey Auction

Recommender System
Collaborative Filtering Method
Contents Analysis Method
TwinFinder

Enterprize Market
Enterprize Ontology
Business Model
Business Proces Primitive
Business Method Patent

東京電機大学出版局

本書の全部または一部を無断で複写複製（コピー）することは，著作権法上での例外を除き，禁じられています．小局は，著者から複写に係る権利の管理につき委託を受けていますので，本書からの複写を希望される場合は，必ず小局（03-5280-3422）宛ご連絡ください．

まえがき

　インターネットがこれほどまでの成功を収めたのは，それがビジネスと直接結びつくことができたからであろう．IBM が "International Business Machines" の略称であるように，コンピュータ産業の発展はビジネスの世界とともにあるといってよい．

　従来のビジネス向けコンピュータは，データベース管理システムを中核として生産管理，在庫管理，顧客管理，財務管理など，従来は人間が行っていたデータ管理や計算作業をコンピュータで置き換えることをその主な目的としていた．これは，企業内の事務の合理化と経費節減に絶大な威力を発揮した．

　これに対してインターネットは，企業内におけるコンピュータ利用の目的を大きく広げることになる．すなわち，強力なコミュニケーションメディアであるインターネットは，コンピュータの利用の目的を，企業内での利用から企業対企業（BtoB），あるいは企業対顧客（BtoC）の取引を電子的に実現する電子商取引へと発展させた．このことは，従来の商取引のあり方を量と速度と規模の面で革新的に変化させたといえるであろう．

　それでは，BtoC 電子商取引の代表例ともいえる Amazon.com を例にとろう．Amazon.com は 1995 年の創業以来，書籍や CD をはじめとするオンラインショッピングサイトとして急速な成長を遂げてきた．第 1 の特徴は，その量である．書籍に限っても，約 170 万タイトルの購入が可能である．たしかに最近では在庫 150 万冊をアピールするような大規模書店も現れてはいるが，その陳列のためには何千坪もの売り場面積をもつ店舗が必要になる．したがって，そのような書店が存在するのは多くの人口を有する大都会に限られている．一方，オンラインショッピングは，Web サーバを介して商品カタログをインターネット上に公開するだけであり，物理的な制約を受けないという利点がある．第 2 の特徴は，その取引の速度である．顧客は書店まで足を伸ばす必要がなく，自宅のパソコン上で電子カタ

ログをクリックするだけで本の注文を即時に行うことができる．もちろん書籍の場合は，本が自宅に送られてくるために宅配便等の物理的輸送手段を用いるため時間がかかるという欠点があるが，電子出版物やソフトウェアなどインターネットを介した配送が可能な商品に関しては，瞬時にして入手することが可能である．第3の特徴はその取引の規模である．Amazon.comの顧客は200ヵ国国，2000万人に及んでいる．これは地球規模のネットワークであるインターネットならでは利点といえる．

さて，このような電子商取引がさらなる発展を遂げて行くうえで，人工知能や取引を仲介するエージェントなどの知的情報処理技術の応用が期待されている．一般に電子商取引は，"商品検索，取引，決済"の3ステップから成り立っているとみなすことができる．商品検索の段階では，顧客側からは必要としている商品を効率よく発見する情報検索の技術が，逆に企業側からは顧客に対して効果的に商品を広告したり推薦したり技術が重要になるであろう．また取引の段階では，マルチエージェントシステムの研究領域において研究されている交渉の技術が重要になるであろう．特に近年では，その一形態として電子オークションの技術が注目されている．さらに決済の段階では，電子マネーや少額決済を可能にするマイクロペイメントなどの技術が必要になる．

本書「eビジネスの理論と応用」では，このような背景から「インターネットの知的情報技術シリーズ」の応用編として，わが国における知識処理の第一線の研究者により，インターネット時代に有望な知的情報処理技術の応用領域について述べたものである．本書は，一般のビジネスマンや文系の大学生などのインターネット初学者にもできるだけ直観的に理解できるように，具体的な方法を豊富な応用例をもとにしてわかりやすく書くように心がけたつもりである．よって，読者はインターネットに関するごく基本的な知識さえあれば，本書を読むことにより，現在における本質的な課題，その課題に対する人工知能をはじめとする知的処理の取り組み，そして，今後インターネットが進んでいく方向を把握することができるだろう．

菅坂玉美（富士通研究所）による第1章「電子商取引とエージェント」では電子商取引において，売り手や買い手，仲介者を支援するエージェント技術について解説している．特に富士通研究所において開発された知的エージェント環境「SAGE」の企業間電子商取引への応用について述べている．

　横尾真（NTTコミュニケーション科学研究所）による第2章「インターネットオークション」は，近年，電子商取引の一形態として注目されているインターネットオークション技術について述べている．特にこれまで経済学の分野で研究されてきたオークションの理論をベースに，インターネットオークション方式の設計における頑健性の問題について解説を行っている．

　寺野隆雄（筑波大学）による第3章「情報推薦システム」は，顧客に対して適切な商品を推薦する情報推薦システムについて述べている．特に情報推薦システムの電子商取引における重要性を述べ，著者らが開発したシステム「TwinFinder」を含め，基本的な技術と具体的な実現方法について解説している．

　山口高平（静岡大学）による第4章「ビジネスアイディアの情報化技術」は，商品流通を中心とした狭義の電子商取引だけでなく，顧客管理，会計，マネジメント，物流，マーケティング，ファイナンス，契約など，企業活動全体を支える情報技術について議論している．この中で，特に企業内での知識共有のために必要なオントロジ技術の重要性と実例について解説している．

　さて，本シリーズは関西文化学術研究都市けいはんなプラザにおける学術交流の一環として行われた知的情報統合研究会の活動を通して生まれたものである．この研究会を積極的に支援していただいた株式会社けいはんなの皆様にこの場を借りてお礼申し上げる．最後に，本書において，図や表の引用に快く応じて頂いた多くの研究者の方々にもお礼を申し上げる．

2002年11月

北村泰彦

山田誠二

目　次

第1章　電子商取引とエージェント ── 1

1.1 電子商取引の状況　1
1.1.1 急速に普及している電子商取引　1
1.1.2 形態別に見た電子商取引　4
1.1.3 エージェント技術の必要性　7

1.2 知的エージェント環境　9
1.2.1 要素技術　9
1.2.2 企業間ECへの適用実験　17
1.2.3 実システム適用への考察　23

1.3 まとめ　25

参考文献　26

第2章　インターネットオークション ── 29

2.1 はじめに　29
2.2 オークションの例：長距離電話　30
2.3 オークション理論で用いられる用語の説明　32
2.4 オークションのプロトコル　36
2.4.1 単一種類，単一ユニットのオークション　37
2.4.2 単一種類，複数ユニットのオークション　40
2.4.3 複数財のオークション　40

2.5 プロトコルの性質　42
2.5.1 単一種類，単一ユニットのオークション　42
2.5.2 複数財のオークション　42

  2.5.3 共通価値 44
  2.5.4 談合/主催者の嘘 46
 2.6 架空名義入札 46
  2.6.1 架空名義入札の影響 46
  2.6.2 架空名義入札に頑健なプロトコル 50
 2.7 応用事例 52
 2.8 まとめ 56
参考文献 57

第3章　情報推薦システム ── 59

 3.1 eコマースの特性と情報推薦システムの役割 59
  3.1.1 eコマースにおける商店と消費者 59
  3.1.2 消費者行動からの推薦情報生成 60
 3.2 情報推薦システムはどう使われるか 62
 3.3 情報推薦システムの実現方式 66
  3.3.1 情報推薦システムの主要な方式 66
  3.3.2 情報推薦システムのサーベイ 69
 3.4 協調フィルタリングによる推薦生成 73
 3.5 コンテンツ分析による推薦 75
 3.6 推薦システムの適用例：
    意外性の高い情報を提供するTwinFinder 77
  3.6.1 TwinFinderの位置付け 77
  3.6.2 TwinFinderのリコメンド情報生成手順 78
  3.6.3 顧客プロファイルの作成 79
  3.6.4 順マッチング型リコメンデーション 83
  3.6.5 交差マッチング型リコメンデーション 84
 3.7 まとめ 85
参考文献 87

第4章　ビジネスアイデアの情報化技術 ── 89

4.1　エンタープライズマーケット　　　　　　　　　　　　　89
4.2　エンタープライズオントロジ　　　　　　　　　　　　　91
　4.2.1　エンタープライズオントロジの概要　　92
　4.2.2　エンタープライズオントロジの構築手順　　93
　4.2.3　エンタープライズオントロジの構成概念　　93
4.3　ビジネスタスクオントロジ　　　　　　　　　　　　　　96
　4.3.1　ビジネスモデルケースライブラリ　　96
　4.3.2　ビジネスタスクの分類　　103
　4.3.3　ビジネスタスクオントロジ　　104
4.4　ビジネスプロセスプリミティブ　　　　　　　　　　　　109
4.5　ビジネス方法特許　　　　　　　　　　　　　　　　　　113
　4.5.1　ビジネス方法除外の原則　　113
　4.5.2　ステートストリート銀行特許訴訟　　114
　4.5.3　ワンクリック特許訴訟　　115
　4.5.4　米国における最近の動向　　116
4.6　まとめ　　　　　　　　　　　　　　　　　　　　　　　117

参考文献　　119

用語集　　120
索引　　136

第1章
電子商取引とエージェント

菅坂 玉美

　コンピュータやインターネット，携帯電話の普及が，商取引の方法を変化させている．電子的な商取引は，コストの削減やパフォーマンスの向上だけでなく，新しい取引方法やサービスをも生み出している．その電子商取引を支える一つの技術としてエージェント技術が注目され，売り手や買い手，仲介者を支援するシステムに大いに活用されている．そこで本章では，電子商取引の現状や抱えている課題について解説し，筆者が携わった知的エージェント環境プロジェクトを題材に，エージェント技術の電子商取引への適用について考察する．

1.1 電子商取引の状況

1.1.1 急速に普及している電子商取引

(1) 普及の背景

　20世紀の終わり，半導体技術の急速な進展により，コンピュータの高性能化，小型化が進んだ．同時に，価格競争も激化したためコンピュータが低価格で出回るようになり，これまで大企業だけが利用できていた専用機やスーパーコンピュータに替わって，中小企業や家庭でも気軽に利用できるパーソナルなコンピュータが登場した．また，文字だけでなく画像や音声などを処理するマルチメディア技

術も進歩し，専門家でなくても簡単にコンピュータを使い，楽しむことができるようになってきた．

コンピュータが市場に出回ると，コンピュータ同士を結ぶネットワークも急速な勢いで普及してきた．1970年代から80年代に大学や国・企業の研究機関の間で研究されてきたインターネットが，80年代終わり頃から商用に利用されるようになり，90年代前半で試行錯誤を繰り返し，90年代後半にはビジネスに大きな影響を及ぼすまでになった．ネットワークインフラも光ファイバーの敷設が急速に進められており，2010年頃までには全家庭にデジタル回線が張り巡らされると見られている．さらに近年では，モバイル技術の進歩により携帯端末の普及もめざましく，一人1台あるいはそれ以上の時代もそう遠くはないだろう．

このようにコンピュータやインターネットが社会に浸透してくると，生活様式や社会活動，経済活動などに変化が起こりはじめた．本章で取り上げる商取引もその一つである．これまでの商取引といえば，電話で交渉したり，書式の決まった伝票を利用して取引を交わしたり，セールスマンが出向いて注文を取ったりしていた．もちろん今でも従来の方法で多くの商取引が行われているが，コンピュータやインターネットの普及により電子的な商取引が新しい取引インフラとして取り入れられている．取引の電子化は，商取引を迅速に，正確に，大量に行うことができるため，管理コストの削減，業務のスピードアップに結びつき，企業と企業の間の円滑な商取引に大きく貢献している．また，消費者の購買形態も変化している．例えば，お店に行く代わりにインターネット上で商品を探し注文し決済する，電話で問い合わせる代わりにインターネットで配送状態を確認する，メールを利用して商品についてたずねるなどである．消費者にとっては，好きな時間にコンピュータの前に座っているだけで商品が手元に届き，売る側にとっては，Webのページを作成するだけで商品が売れるのである．

このようなインターネットを利用した商取引は急速に増加しているが，それを利用する人は，提供されるサービスを使いこなせていないのが現状である．また，ネットワーク上の情報は生き物に例えられるように，日々刻々と変化している．その変化に追従するのは人もシステムも大変なことで，人にやさしいインタフェー

スの開発と同時に，変化に柔軟に対応できるシステムの開発も重要な課題となる．

(2) 市場規模

インターネットを利用した電子商取引に，一番に足を踏み入れたのは米国である．1994年にピザハットがインターネットを使って注文を受け付けたのがはじまりといわれている．日本では，1990年代中頃から電子商取引への関心が高まり，企業や自治体が電子モールを立ち上げたり，電子決済のための認証や電子マネーなどの実証実験が進められたりした．日本での市場規模が調査され始めた1998年には，BtoB ECが約9兆円，BtoC ECが約650億円という結果を，通商産業省（現経済産業省）とアンダーセンコンサルティング（現アクセンチュア）が出している．BtoB ECとは企業と企業の間，BtoC ECとは企業と消費者の間の商取引をいう．詳細は次節で説明する．その後，ECOM（電子商取引推進協議会）とアンダーセンコンサルティングの共同調査から，1999年のBtoC EC市場規模は約3360億円と報告され，2000年の市場規模は，経済産業省とECOM，アクセンチュアの共同調査から，BtoB ECが約22兆円，BtoC ECが約8240億円と報告された．各年には予想値も発表されているが，その予想を大きく上回る勢いで電子商取引の市場は成長している．2001年に出された予想では，2005年にBtoB ECが110兆円，BtoC ECが13兆円程度にまで成長するとされている．

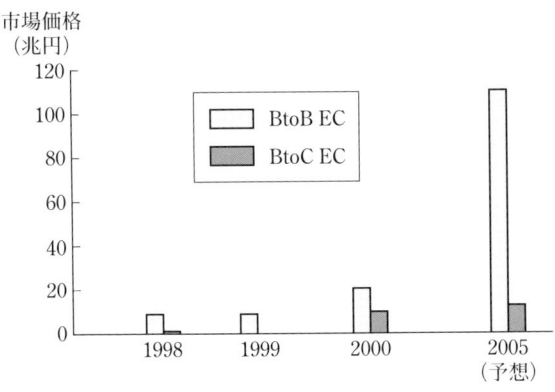

図 1.1 電子商取引の市場の成長
（電子商取引推進協議会「平成12年度電子商取引に関する市場規模・実態調査」より）

世界の市場規模を見ると，1999年にBtoB ECでは1兆ドルに，BtoC ECでは1000億ドルに達したという報告がある．特に米国のBtoB EC市場は，1999年に805億ドルと，2位の日本の135億ドルに6倍近くの差をつけている．BtoC ECでも，1999年の日本の市場規模は3000億円程度であるのに比べ，米国の1999年のBtoC ECは300億ドルと大きな差がある．今後，BtoB ECは2004～5年までに6兆ドルから7兆ドルに，BtoC ECが2003年までに1兆ドルを超えると予想され，世界の商取引において電子商取引が大きな市場を占めることとなる．

1.1.2　形態別に見た電子商取引

前節で"BtoB EC"や"BtoC EC"というキーワードが出てきたが，ここでは，一般的に分類されている電子商取引（Electronic Commerce, e-Commerce, ECなどの呼び方がある）の形態について紹介する．

電子商取引は大きく以下の三つの形態に分けられる．
・企業-企業間 **EC**：BtoB EC (Business to Business EC)
　　企業と企業の間の電子的な商品取引．
・企業-消費者間 **EC**：BtoC EC (Business to Consumer EC)
　　企業から消費者へのネットワークを介した商品販売．
・消費者-消費者間 **EC**：CtoC EC (Consumer to Consumer EC)
　　消費者と消費者との間のネットワークを介した物品売買．

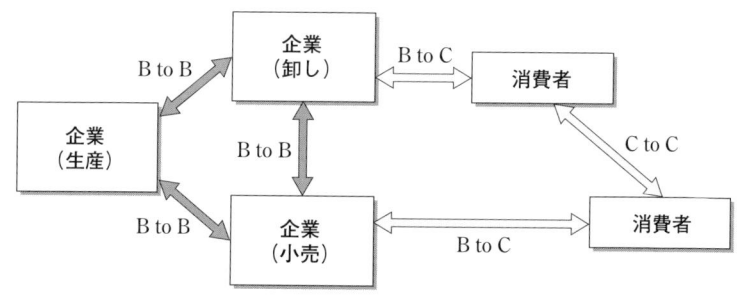

図1.2　電子商取引の形態

BtoB EC では，企業間の物流，たとえば卸業者と小売業者や，メーカーと仲介業者などの間で交わされる商取引を電子化したものである．BtoC EC は，小売業者やサービス提供元などがネットワークを通して消費者に商品やサービスを提供するものである．CtoC EC は，直接あるいは仲介業者が提供する場などを利用して消費者同士がものを売買する取引である．さらに最近では，BtoBtoC EC とよばれる分類も現れている．この電子商取引は，消費者の注文に対して企業（メーカ）と企業（部品業者）が情報交換して商品を提供するものである．

(1) BtoB EC (企業-企業間 EC)

これまでの企業と企業の間の商取引は，電話やファックスなどのメディアを介したり，直接取引先へ出向くなどして，商品の紹介，引き当て，条件の交渉，受発注，決済などの商取引の作業を行ってきた．1970 年代後半から 80 年代にかけてこれらの作業の一部が電子化され，特定の企業間ではオンラインによる受発注や決済を行うようになった．これは，電子データ交換 (EDI:Electronic Data Interchange) と呼ばれている．しかし，このネットワークは専用の通信回線を利用していたため，通信費やメンテナンス費などの管理コストが大きく，インターネットが普及してくると，データ回線としてインターネットへ乗り換える企業が増えてきた．インターネットはオープンなネットワークインフラであり，しかも管理コストが専用の通信回線に比べ安価なため，これまでは特定企業間だけで行われていた電子商取引に中小企業も参入するようになり，いまや電子商取引に対応できるかどうかが，取引企業を決める条件にもなってきている．

インターネットを介して複数の企業間で取引を行うこのような形態は，"e マーケットプレイス"とよばれ注目されている．特に受発注と決済の作業では，多くの企業がこの方式を取り込み，インターネットを介した商取引が積極的に行われている．たとえば，商品提供側のユーザは登録画面から商品情報を登録し，商品購入側のユーザは検索画面を通して商品や在庫状況を検索する．受発注，決済なども専用の画面を利用して処理する．このような流通におけるビジネスプロセスをトータルに支援するために，情報を集中管理し，目的に応じたインタフェースを介して情報を共有するシステムが数多く構築されている．

今後のeマーケットプレイスでは，企業がもつ既存の商品データベースを連携させて商品紹介を行ったり，商品検索を可能にしたり，既存の在庫データベースと連携させて引き当てや在庫状況が確認できたり，メールやチャット，Webを利用して交渉を行ったりといった機能が提供されていくだろう．すでに，サプライチェーンマネジメント (SCM : Supply Chain Management) のシステムとの連携も進められ，ものを作るプロセスからものを売るプロセスまでをトータルに支援するシステムが構築されはじめている．特に，電子情報機器や自動車関連の製造部門では導入が早く，電子商取引へ参入する企業が急速に増加している．

(2) BtoC EC (企業-消費者間 EC)

消費者が商品を購入する場合，雑誌や新聞などに掲載される広告やダイレクトメールなどを参考にいくつかの店舗を回り，店員からより詳しい情報を聞き出し，時には店員にアドバイスを受けながら商品を選ぶ．あるいは，通信販売などを利用して商品を購入したり，電話で予約や注文を行い配送してもらうこともある．インターネットが普及してからは，インターネット上に仮想店舗が構築され，商品情報の提供や注文の受け付けなどが行われるようになってきた．また，問合せには電子メールが利用されている．

インターネットは簡単により多くの人に情報を配信できるため，新しい購買者の開拓に非常に有効である．仮想店舗は，接客のためのディスプレイや人件費，商品展示スペースなどが不要で，店舗にかかる物理的な費用が大幅に削減される．消費者にとっては，距離的に遠いお店の商品，手に入りにくいマイナーな商品などの購入が容易になり，また，他店との比較ショッピングも簡単に行うことができる．1998年米国のクリスマス商戦では，混雑する店舗へ出向く代わりにインターネットからの注文が大幅に増えたそうだ．このようなインターネットを介した商品売買はオンラインショッピングとよばれ，企業と消費者双方に大きなメリットがある．さらに，常時接続，ブロードバンド・ネットワーク，デジタル双方向通信などのネットワークインフラの整備が，消費者のオンラインショッピングへの参加に拍車をかけている．また，ここ1, 2年は携帯電話の普及により，モバイルコマースとよばれるBtoC ECの市場が急速に成長している．しかし企業では手

軽に仮想店舗を開くことができる反面，競争も激化しており，インターネットならではのユニークなアイディアとセンスのいい商品構成で，いかに消費者の要望に合ったサービスを提供できるかが勝負となる．

現在のBtoC ECにはいくつかの形態がある．一つは，インターネット上に仮想店舗をもつもの同士が意図的に集まって，一つの電子モールを形成する形態である．この形態では，あらかじめ電子モールで用意した検索メニューから消費者が条件を指定すると，条件に合う仮想店舗の一覧が表示されるので，あとは消費者が各仮想店舗へ移り詳しい商品情報を閲覧する構成となっている．他には，目的に応じた商品を集めて情報を提供する電子ショップもある．このようなショップの中には，商品の情報提供だけでなく，発注や決済の手続きまでサポートしているところもある．また，仮想店舗を開くのではなく，企業が自社のホームページから予約や注文を受け付ける形態もある．

BtoC ECで取り引きされる品目は，コンピュータと周辺装置，飛行機などのチケット，ホテルやパック旅行，デジタルコンテンツ，中古車といった，手に取って確認しなくてもよい商品が主流である．ブランド商品や産地直送の食品など，手に入りにくい商品の取り扱い量も伸びる傾向にある．

(3) CtoC EC (消費者-消費者間 EC)

消費者と消費者の間の商取引は，一消費者が商品情報を提供するというよりも，むしろ商品取引を仲介する業者が提供する場で取り引きを行う形態が主流である．この方法ではオークション形式のサービスが多く，仲介する業者は主にオークションのページに掲載する広告が収入源となる．しかしこのCtoC ECは，社会的に受け入れられるには技術的な問題以上に法律や認証の問題が大きく，サービスが普及するまでにはいま少し時間を要すると思われる．

1.1.3　エージェント技術の必要性

前節で，BtoB ECは集中サーバによる情報共有と取引プロセスのトータルなサービスを提供していることを説明し，BtoC ECは仮想店舗が集まって一つの仮想的な電子モールという場を共有し，商品情報を提供していることを説明した．

今後，BtoB ECでは，システム規模の拡大にともなうサーバの分散化や，企業が電子的に管理している既存情報の有効利用が要求されるだろう．さらに，商品情報は日々刻々と変化するものであり，その変化ごとにシステムを構築しなおすことは非常にコストがかかるため，変化に柔軟に対応できるシステムが必須となってくるだろう．一方，BtoC ECでは，ネットワークという仮想的な社会で営まれている商取引に対して，消費者が自分自身で情報やサービスの存在を見つけ，利用方法を理解し，情報を収集／整理しなくてはならない．普段の買い物でも，毎度毎度可能な限りたくさんのお店を渡り歩くことはせず，大抵は「行きつけのお店」に行く人が多いだろう．「行きつけのお店」では，自分の好みをわかってくれている店員が自分に合うものを勧めてくれたり，店内のどこに何があるか見当がついたりと，欲しいものを短時間で得られるというメリットがある．この「行きつけのお店」となるものがBtoC ECでも求められてくるだろう．

　このような問題の解決に，AI技術の一つであるエージェント技術の利用が試みられている．企業の取り引き担当者や消費者などのシステムを利用するユーザの情報や，提供するサービスや商品の情報などを蓄えておくデータベースをエージェントというソフトウエアで包み込み，複数のエージェント同士が通信し合うことで，ユーザが必要とする情報やサービスを提供するエージェントシステムを構築するのである．

　エージェントはソフトウェアであるので，必要な処理をモジュールとして組み込むことが可能となる．たとえば，商品提供側のエージェントでは，顧客情報や在庫情報について外部に提供してもよい情報だけを提供したり，条件や検索者によって提供する情報を操作したり，在庫や売れ行きの状況により提供形態を変化させたりすることができる．一方消費者側のエージェントでは，消費者の利用状況を蓄積して好みや動向を解析することにより消費者の商品検索を支援したり，家計簿などのソフトと連携することにって予算計画を支援したりすることができる．さらに商品提供側のエージェントと消費者側のエージェントを仲介するエージェントでは，消費者の条件を満足する商品提供側のエージェントを選別したり，商品提供側と消費者側との言葉の違いを吸収したり，消費者の条件を複数の商品

やサービスに分解したりすることができる．このように適当な処理モジュールをエージェントに追加することによって，様々な役割をもつエージェントが構築され，それらのエージェントが協調して問題を解決する．

また，複数のエージェントにより一つのシステム（サービス）が構築されるが，個々のエージェントは独立に動作しているため，エージェントの削除や追加はシステムを停止することなくできる．エージェントの新規参入は大歓迎で，商品情報提供を停止することも自由にできる．日々刻々と変化する商品情報はもちろん，商品提供者の変更にも簡単に対応することができる．

このように，エージェントを利用して構築したシステムは柔軟であると同時に，エージェント同士が通信する基本的な機能と，エージェントが担当する役割の機能とを分離して開発できるため，再利用性が高い．エージェントは優れたレガシーソフトウェアということができる．

1.2 知的エージェント環境

筆者が携わった知的エージェント環境プロジェクトを取り上げ，エージェントの要素技術を解説し，実システムへの適用の課題や展望について考察する．

1.2.1 要素技術

知的エージェント環境プロジェクトでは，ネットワーク上に分散して管理されている多種多様な情報から必要な情報をシームレスに取り出してうまく活用するために，エージェント系による異種情報源の統合環境を知的エージェント環境「SAGE (Smart AGent Environment)」とよんでいる．変化の激しい情報管理環境の中で，個別に管理されている情報源の統合や統合されたシステムのメンテナンスを短時間で行える環境を提供していくことが，このプロジェクトの目標である．

SAGEでは，複数のエージェント同士がコミュニケーションを行うことにより問題の解決を進めていく．このための手段としてのSAGEの特徴を以下にあげる．
・ユーザインタフェース（UI）を通してアクセスするユーザ，および既存のアプ

リケーション（例えばデータベースなど）で管理されている情報源を，それぞれ，ユーザエージェント（UA）およびデータベースエージェント（DBA）としてエージェント化する．
- 各エージェントからの要求を適切なエージェントへフォワードする，エージェント間で異なる用語を変換するなど，仲介の役割を担うエージェントとしてファシリテータ（FA）を提供する．
- UA と DBA の間に FA が位置する3層構造でエージェントシステムを提供する．
- DBA はアドバタイズという方式を利用して，自分の能力や扱う情報の種類を FA に伝える．
- エージェント同士は，ACL（Agent Communication Language, エージェント間通信言語）により通信する．

このような特徴をもつ SAGE の要素技術には，仮想知識ベース VKB，エージェント間通信言語 ACL，アドバタイズ，オントロジ，オントロジ変換などがある．以下，これらの要素技術について説明する．

(1) 仮想知識ベース VKB（Virtual Knowledge Base）

エージェントが ACL により通信を行うためには，実際の情報をエージェントの持つ知識（仮想知識ベース）として抽象化する必要がある．SAGE では，情報源を担当するエージェントは DBA である．情報源を仮想的なデータベースとみなし，この仮想データベースを抽象化したものが DBA のもつ知識ベース VKB となる．そこで SAGE では，VKB を『指定したフィールド値を取り出す操作が可能なレコードの集合』と定義する．

VKB へのアクセスは，VKB により記述されている知識の一部を条件によって切り出すこと，切り出した知識に対する操作（取り出す，消去する，書き換えるなど）を指定することでできる．またこの VKB には，エージェント間通信言語 ACL によりアクセスする．

(2) エージェント間通信言語 ACL（Agent Communication Language）

エージェント間通信言語（以降 ACL）は，DARPA の Knowledge Sharing Effort で提案されたもので，エージェント間通信のトランザクションを規定する KQML

(Knowledge Query and Manipulation Language) と，情報や知識の内容を表す知識表現言語 KIF（Knowledge Interchange Format）から構成される．さらに，KIF のリレーション名や定数として使われる語彙体系を規定したものがオントロジとよばれ，異なるオントロジにメッセージを送る場合は変換が必要となる．VKB にアクセスする場合には，KIF のリレーションにより対象となる VKB 上の知識を切り出し，それに対する操作を KQML のパーフォーマティブで指定する．SAGE における ACL メッセージの例を図 1.3 に示す．

この例では農産物の情報として，カテゴリーが "りんご" で，産地が "青森" か "長野"，取引価格が 800 より高く 1500 以下の条件で検索し，該当する商品の商品名，商品コード，カテゴリーコード，生産者，取引先名を回答するよう要求しているメッセージである．ask-all は，問合せを要求する KQML パーフォーマティブとよばれる．ask-all パーフォーマティブは，aspect, content, language, ontology, sender, receiver, protocol などのパラメータをもち，各パラメータ

```
(ask-all:aspect(?商品名 ?商品コード ?カテゴリーコード ?生産者 ?取引先名 ?価格)
    :content(and(農産物 ?x)
                (カテゴリー ?x ?カテゴリー)
                (=?カテゴリー "りんご")
                (産地 ?x ?産地)
                (or(= ?産地 "青森")(= ?産地 "長野"))
                (取引価格 ?x ?取引価格)
                (=< ?取引価格 1500)(> ?取引価格 800)
                (商品名 ?x ?商品名)
                (商品コード ?x ?商品コード)
                (カテゴリーコード ?x ?カテゴリーコード)
                (生産者 ?x ?生産者)
                (取引先名 ?x ?取引先名))
    :language KIF
    :ontology standard.database.kif
    :sender UA
    :receiver FA
    :protocol sage_ask-all_1.0
    ...)
```

図 1.3　SAGE における ACL メッセージの例

に値をセットする．aspect は結果として要求する内容を，content はメッセージの内容を記述する．language は content を記述する知識表現言語を指定するが，この例では KIF が指定されている．ontology は content を記述するために利用したオントロジを指定し，この例では standard.database.kif が指定されている．sender はこのメッセージの送信エージェント，receiver はこのメッセージの受信エージェントを記述する．protocol は次で説明する．他にも，メッセージ ID やソートなどを指定するパラメータもある．

- KQML パーフォーマティブと:protocol パラメータ

SAGE では 10 種類の KQML パーフォーマティブを規約している．

---

ask-all：条件に合致する結果をすべて返すよう要求する．
ask-one：条件に合致する結果を一つだけ返すよう要求する．
ask-all-specified：指定した DBA の範囲で ask-all と同様．
ask-one-specified：指定した DBA の範囲で ask-one と同様．
reply：結果を回答する．
advertise＋：アドバタイズする．
unadvertise＋：アドバタイズを取りやめる．
achieve：操作を要求する．
cancel：操作を取りやめる．
sorry：回答不可能を伝える．

これらのパーフォーマティブを利用したエージェントの会話にはパターンがある．SAGE ではパーフォーマティブの組合せを規約し，protocol パラメータとよぶ以下の 10 種類で指定する．たとえば，sage_cancel_1.0 は問合せの中止を宣言する protocol パラメータで，このパラメータで指定されたメッセージは，パーフォーマティブが cancel のメッセージだけで会話が完了することを意味する．sage_ask-all_1.0 は，ask-all パーフォーマティブのメッセージに対して，reply パーフォーマティブのメッセージで回答が行われるような会話パターンに利用される．

sage_cancel_1.0：(cancel → 終了)
　問合せの中止を宣言する．
sage_request-advertise_1.0：(achieve → 終了)
　アドバタイズを依頼する．
sage_advertise_1.0：(advertise+ → reply → 終了)
　アドバタイズを行う．
sage_unadvertise_1.0：(unadvertise+→ reply →終了)
　アドバタイズした情報の削除を依頼する．
sage_ask-all_1.0：(ask-all → reply →終了)
　問合せを行い，全結果の回答を依頼する．
sage_ask-one_1.0：(ask-one → reply →終了)
　問合せを行い，一つの結果の回答を依頼する．
sage_ask-all-specified_1.0：(ask-all-specified → reply →終了)
　指定したエージェントの範囲で問合せを行い，全結果の回答を依頼する．
sage_ask-one-specified_1.0：(ask-one-specified → reply →終了)
　指定したエージェントの範囲で問合せを行い，一つの結果の回答を依頼する．
sage_tell_1.0：(tell →終了)
　情報の伝達を行う．
sage_check-status_1.0：(ask-one → reply →終了)
　状態確認を行う．

- **KIF リレーション**
  SAGE では4種類の KIF リレーションを定義している．

・VKB レコードの特定のフィールドと，その値とを対応づけるリレーション（適用サービスごとに異なるが，例えば，商品名，カテゴリーなど）．

- 比較する演算子のリレーション（=, ¡, ¿, =¡, ¿=, date=, date¡, date¿, date=¡, date¿=）．
- リレーション同士の論理的組合せを定義するリレーション（and, or），
- 条件に当てはまるものに適用して二次的な結果を得るリレーション（レコード数，合計，平均，最大，最小，先頭，最後など）．

(3) アドバタイズ

DBA が担当する仮想知識ベース VKB で処理することができる範囲を，DBA から FA へアドバタイズすることにより，FA では他のエージェントから送信されたメッセージを適切な DBA へ送ることが可能になる．このアドバタイズは重要な技術であり，FA でメッセージを振り分けるための知識に使われるだけでなく，DBA の追加や削除も簡単に行うことができる．たとえば，店舗一つ一つをエージェント化しておくと，あるエージェントシステムの仮想モールに参入するには店舗の情報をアドバタイズにより FA に知らせるだけでよく，逆にエージェントシステムの世界から抜けるには，自分の店舗の情報を削除するよう FA に依頼するだけでいいのである．競争が激しい分，店舗の出入りも頻繁に起こることが予想されるため，簡単に参加／脱退できるようなシステムはニーズが高い．また，エージェントシステムの管理の面からは，DBA を追加や削除するたびにシステムを停止する必要はなく，24 時間休みなくシステムを稼働することが可能となる．

SAGE では，以下の要素を DBA のアドバタイズ情報として FA に送信する．

- VKB で用いるオントロジ
- DBA で扱うことのできるプロトコル
- VKB へのアクセスに利用できるリレーション

図 1.4 にアドバタイズの例を示す．この例では DBA1 という DBA が，オントロジとして standard.database.kif を利用し，処理可能なプロトコルには sage_ask-all_1.0 などがあり，演算子 "=" や "<" などのリレーションを扱うことができ

```
(and
  (handles-ontology        DBA1     standard.database.kif)
  (needs-class-expansion   DBA1)
  (handles-protocols       DBA1
        '(sage_ask-all_1.0 sage_management_1.0 sage_advertise_1.0
          sage_unadvertise_1.0 sage_check-status_1.0
          sage_request-advertise_1.0))
  (handles-logical-combination-of-acceptable-sentences DBA1)
  (handles DBA1 standard.database.kif '(= ?x1 ?x2)'true)
  (handles DBA1 standard.database.kif '(< ?x1 ?x2)'true)
  (handles DBA1 standard.database.kif '(> ?x1 ?x2)'true)
  (handles DBA1 standard.database.kif '(=< ?x1 ?x2)'true)
  ...
  (handles DBA1 standard.database.kif '(農産物 ?x1)'true)
  (handles DBA1 standard.database.kif '(カテゴリー ?x1 ?x2)
                                       '(kif-variable ?x2))
  (handles DBA1 standard.database.kif '(産地 ?x1 ?x2)'(kif-variable ?x2))
  (handles DBA1 standard.database.kif '(取引価格 ?x1 ?x2)
                                       '(kif-variable ?x2))
```

図 1.4 DBA のアドバタイズの例

て，農産物の商品を扱っており，商品情報としてはカテゴリー，産地，取引価格などをもっている，ということをアドバタイズしている．

(4) オントロジとオントロジ変換

　SAGEでいうオントロジとは，KIFのリレーション名や定数として使われる語彙体系を規定したものである．エージェント間で交換するメッセージ文法はKQMLやKIFで規定し，その中で使われる語彙についてはオントロジで規定する．

　ECへ参画する企業の中には独自の用語体系を確立しているところも多く，特に大企業では独自のコード体系やデータベースをもっている．このような既存資産を有効に利用するためには，異なる用語体系をもつ複数のDBへの統合的なアクセスを可能にしなくてはならない．DBA同士，あるいはUAとDBA間の異なる用語を変換する必要がある．

　オントロジ変換はFAとDBAで行う場合が考えられる．FAで行う場合は，一つの標準となる用語体系（以後，標準オントロジ）を含む複数のオントロジ間を

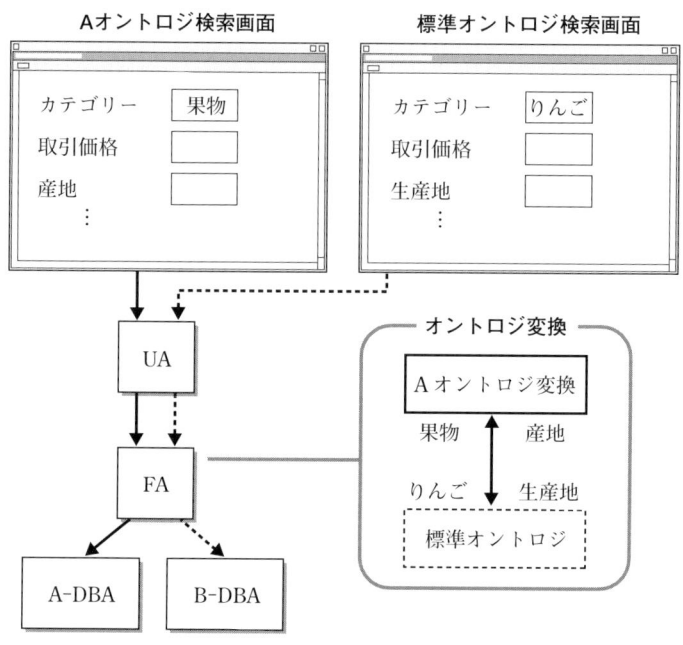

図 1.5 オントロジ変換

結び付ける処理を FA で行うことができるので，DBA で送受信するメッセージは DBA のオントロジを利用することができる．一方，DBA で行う場合は，標準オントロジに対して，各 DBA の用語体系を結び付ける処理を行う．従って，DBA で送受信するメッセージは標準オントロジに従うものとなる．SAGE におけるオントロジ変換は，FA において行っている．

図 1.5 では，FA は，標準オントロジと A オントロジとの間の用語を変換する．独自の A オントロジをもつ A-DBA と，標準オントロジを使用する B-DBA とが，使用するオントロジをあらかじめ FA にアドバタイズしておく．UA ではオントロジごとの GUI を用意することにより，ユーザは自分の利用しやすい用語体系から検索することができる．もしユーザが A の用語体系を認識しているならば，A オントロジ検索画面を利用して検索を行うことができ，その場合に出された要求は，FA を通して A-DBA にはそのままで，B-DBA には標準オントロジに

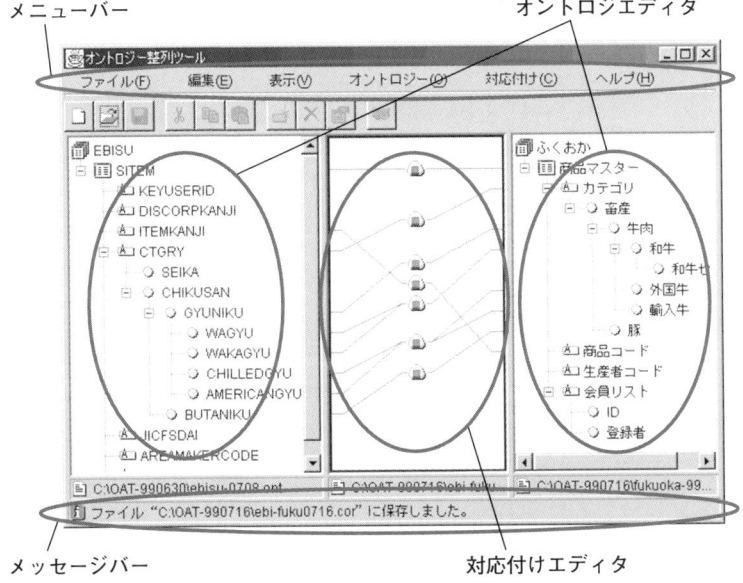

図 1.6　OAT のインタフェース

基づいた用語に変換されて送られる．

　オントロジ変換を FA で行うためには，変換するオントロジ間の変換ルールを作成しておく必要がある．オントロジもオントロジ間変換ルールもどちらも FA で機械的に扱うため，その規約は人間にとっては見づらく，作成しにくいものである．そこで SAGE では，オントロジ整列ツール OAT（Ontology Alignment Tool）を提供している．OAT では，既存のデータベースやファイルのデータをもとにオントロジを構築し，さらに二つのオントロジ間の要素を対応付けることができる．図 1.6 に OAT のインタフェースを示す．

1.2.2　企業間 EC への適用実験

　SAGE の技術をベースに製品化されたエージェントシステム「INTERSTAGE AGENTPRO」を利用した BtoB EC への適用実験を紹介する．

(1) 商品検索機能

　AGENTPRO を利用して実装した機能は，BtoB EC の取引プロセスの商品検索機能である．BtoB EC に参画するような企業は，膨大な商品データをすでに DBMS で管理している．現在のシステムでは，異なる DBMS や異なるスキーマで管理されているデータを統合して商品情報を検索することは難しく，また，一つの大きなシステムを構築した場合は，新しい企業の参加や脱退に対して柔軟にシステムを対応させることが難しい．そこで，AGENTPRO を利用し，企業がもつデータベースをエージェント化し，FA で仮想的に統合することにより，ユーザからは一つのインタフェースで分散している情報から必要な商品情報を検索することが可能になる．また，エージェントシステムへの参加は，DBA から FA へのアドバタイズによって行う．従って，全システムを再構築することなく，情報源となる企業の出入りが可能になる．

複合条件指定による商品検索機能：カテゴリー，産地，生産者，価格，数量など，商品や取引に関する条件を複合して指定できる機能を提供する．単なるキーワード指定ではなく，検索可能な項目とその候補値を提示し，ポイントを絞った検索を可能にする．

---

(2) 構成

　システム構成を図 1.7 に示す．このシステムは SAGE と同様，FA が UA と DBA の間に位置する 3 層構造で，各エージェント間は ACL により通信を行う．

- ファシリテータ (**FA**)：UA と DBA 間のメッセージの仲介，FA 同士でのメッセージのやり取りを行う．オントロジやアドバタイズ情報に基づいてメッセージを解析し，適切なエージェントに送る．適切なエージェントが存在しない場合は，その旨を回答する．また，必要に応じてオントロジ変換を行う．
- ユーザエージェント (**UA**)：ユーザとエージェント系とのインタフェースを実現する．ユーザが UI を通して入力した検索要求を ACL メッセージに変換し，FA に送信する．

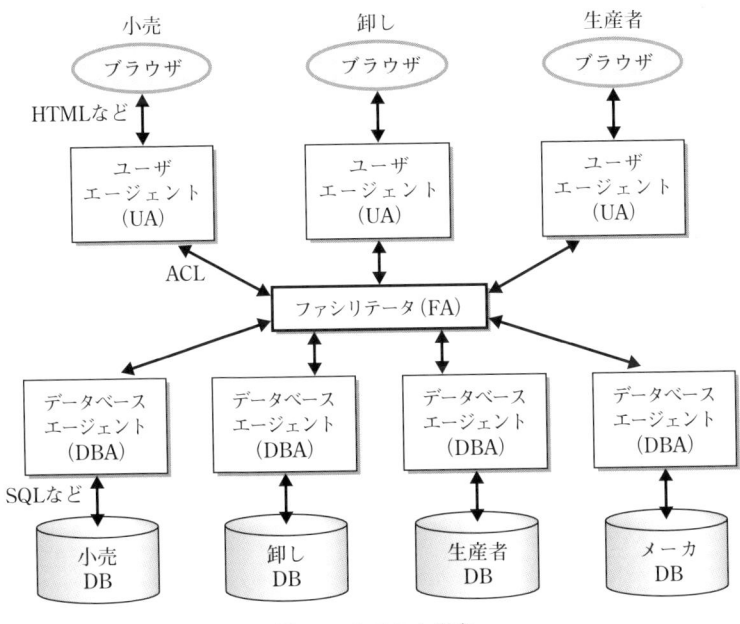

図 1.7 システム構成

- データベースエージェント (**DBA**)：DBMS とエージェント系とのインタフェースを実現する．DB への問合せ言語である SQL と ACL との変換，DBA の知識や能力の FA へのアドバタイズを行う．

(3) **ファシリテータ (FA)**

FA では主に，DBA から送られるアドバタイズ情報と，UA から送られる検索要求とを処理する．

DBA から送られたアドバタイズ情報は，プロトコルプロセッサが起動した advertise プロセッサで処理され，推論エンジンを通して知識ベースに蓄積する．このアドバタイズ情報を利用することで，UA と DBA 間の仲介を行う．

エージェント通信チャネルを介して UA からの ACL メッセージ (ask-all など) を受け取ると，プロトコルプロセッサは対応するプロセッサ (ask-all プロセッサなど) を起動し，推論エンジンを通して，知識ベースに蓄積されているアドバタイズ情報とオントロジに基づいて DBA を選択する．このとき，必要に応じてオ

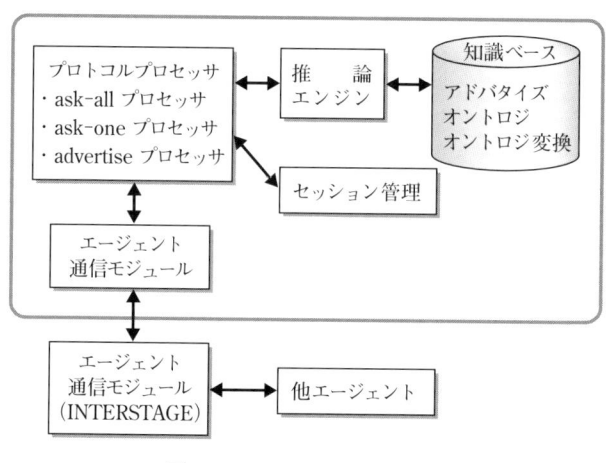

図 1.8　ファシリテータ（FA）

ントロジ変換ルールを利用してオントロジ変換を行い，DBA にメッセージを回送する．

回送したすべての DBA から回答を受け取ると，それらをマージし，必要に応じてソートを行い，UA に回送する．

セッション管理では，一つのメッセージに対するセッションの管理や，DBA からの回答に対するタイムアウトの管理を行う．

(4) ユーザエージェント (UA)

UA では，ユーザの検索要求を ACL メッセージに変換し，FA に伝え，FA からの結果をユーザに提示する役割を担う．

ユーザは，UI で表示される検索条件の入力画面から検索要求を入力する．その検索要求をユーザロジック通信モジュールが受け，サービスロジックに渡す．サービスロジックでは，ユーザからの検索要求をサービスごとに振り分け処理する．このシステムでは，商品検索サービスのサービスロジックのみを実装している．サービスロジックはユーザの検索要求から KIF メッセージを生成し，回答メッセージの解析に利用するため，生成した KIF メッセージの内容を保持する．また，FA から回答された KIF メッセージの解析を，対応する元のメッセージを

1.2 知的エージェント環境 **21**

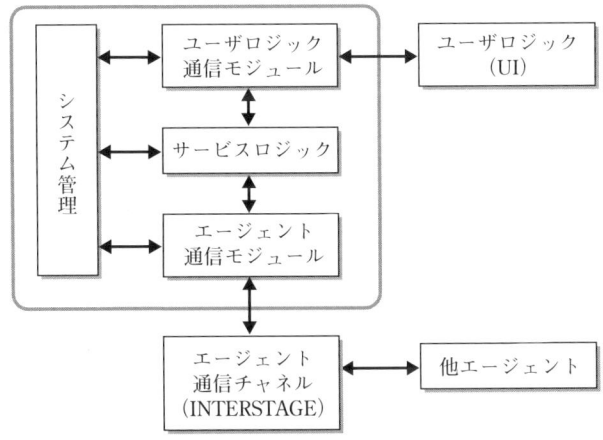

図 1.9 ユーザエージェント（UA）

参考に行い，適切な項目に回答値を対応させ，UI を介して表示する．

UI は，扱う商品分野ごとの画面カスタマイズを効率よくするために UI 部品ライブラリを提供し，メニュー画面を自動生成する特徴をもっている．

(5) データベースエージェント (DBA)

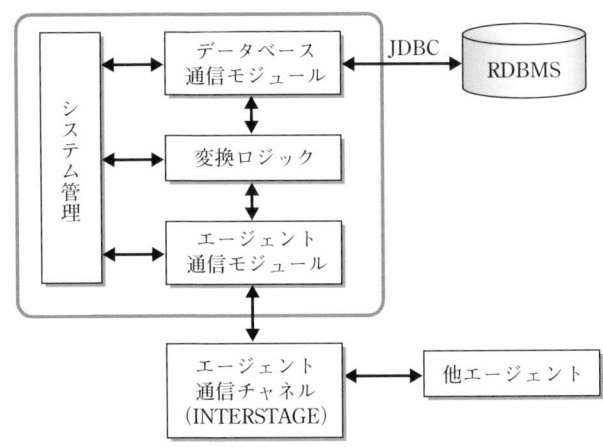

図 1.10 データベースエージェント（DBA）

DBA では，データベースの情報カテゴリやデータベースで扱っている情報の範囲などを FA にアドバタイズすることと，FA からの検索クエリを処理する機能を担当する．

DBA は起動時に，FA にアドバタイズを行う．その後，FA から再アドバタイズの要求があったとき，その要求に応えアドバタイズを行う．

FA から検索クエリが送られると，データベースにアクセスするために，ACL メッセージの KIF コンテンツを SQL クエリに変換する．その SQL クエリをデータベース通信モジュールを介して RDBMS に送り，回答を KIF に変換する．

(6) 処理の流れ

このシステム全体の処理の流れを図 1.11 に示す．

①DBA は自分の能力を通知するために，アドバタイズメッセージを FA に送る．

②ユーザが検索要求を入力すると，UA はその要求を ACL メッセージに変換し FA に送る．

③FA では，UA から送られた ACL メッセージを処理できる DBA を，先にアド

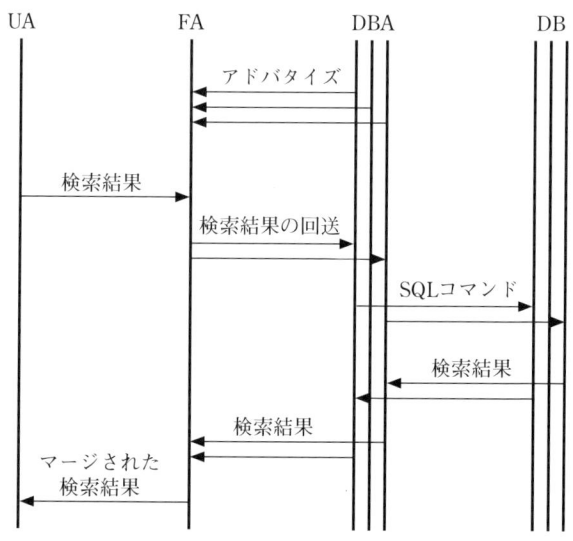

図 1.11 処理の流れ

バタイズされた情報に基づいて選択する．さらに，選択した DBA が扱える用語に変換し，DBA に送付する．
④DBA では，ACL メッセージから SQL コマンドを生成し，DBMS へ発行して検索を行う．結果を ACL メッセージとして組み立てて FA に送る．
⑤FA では，複数の DBA からの回答を待ち合わせ，一つの回答メッセージにまとめて UA に送る．
⑥UA では，ユーザに結果を提示する．

1.2.3 実システム適用への考察

　本章では，複数の企業間の商品データベースを仮想的に統合し，商品検索を行うサービスをエージェントで構築する仕組みを解説した．電子商取引のプロセスでは，商品検索だけでなく，受発注，引き当て，配送調整，決済とつながっていく．しかし，基本的には，分散しているデータベースを仮想的に統合する技術が必要である．データベースのスキーマや用語が同じものであれば特に問題はないが，企業には企業ごとの資産があり，その資産で使っている用語はかなり違っているのが現状で，個々の企業はその用語で長年商取引を行ってきているため，業界の標準を決めたとしても人間がそれに対応することはなかなか難しい．しかし，コンピュータであれば用意された変換ルールに従って淡々と変換するだけであるので，計算能力が高ければ高いほど，迅速な処理が可能となる．このような決まったルールに基づく用語変換のような，同じことを繰り返す，ルールに従った振る舞いを行うということは，コンピュータの得意とするところである．

　もう一点，アドバタイズ機能によりエージェントの出入りでシステムを停止させる必要がない，つまり，システムを 24 時間稼働できるということは，システムの要件となるだけでなく，新しい経済活動を生み出す元にもなる．取引相手が変わったり，データベースのメンテナンスを行ったりするときでも，システムをとめるわけには行かないことが多い．また，情報に 24 時間アクセスできるということは，多量の情報を処理できるばかりか，人間の活動が止まっているときでも経済活動が行われるようになる．かつて電灯が発明され，家に照明が入ってきて 24

時間明るい生活を送ることができるようになってから，人間の活動形態は変化してきた．同様に，情報源に 24 時間アクセスできるようになるということは，ある場所が活動停止の夜の時間でも，地球上のどこかでは活動を行う昼の時間があるわけだから，夜の間はエージェントが昼の活動相手に対応してくれれば，ビジネスのチャンスが増え，それを逃さない，ということも可能となる．変化の激しい社会で 24 時間稼働しつづけるシステムを構築することは，実システムへの適用に大きく期待されることである．

その他上記より少し細かい話になるが，実システムに適用するということはサービスやドメインのターゲットが決まるということであるから，汎用的に研究や開発した成果をそのサービスやドメインに合わせてカスタマイズすることが必要となる．これはある面から見ると，検索システムの問題を解決することにもなる．ネットワークの検索といえばキーワード検索がメインであるが，このキーワードを思いつくことがユーザにとっては最大の難関である．しかし，ある程度サービスやドメインが決まれば，その範囲での用語は決まってくることが多く，キーワードもその範囲で見つければよいことになる．それでも適切なキーワードを人間が思い付くことは簡単ではないため，想定される項目やその候補値をユーザに提示すれば，より的確な回答を返すことが可能になる．自由度は低くなるが，実システムでは自由度よりも検索時間の短縮や，見つけ出したいものを探し出せることのほうが重要となるケースも多い．

今回紹介した INTERSTAGE AGENTPRO の基本機能は，仮想的なデータ統合と用語変換である．この機能を利用した電子商取引以外の実システムへの適用としては，複数の事業所にまたがる企業内情報統合や，商品情報・顧客情報・システム情報・経理情報などのデータから必要なデータを抽出し提供する営業支援システム，本社・工場・物流関連会社の既存システムを統合した既存基幹システム統合などがある (http://interstage.fujitsu.com/jp/jirei/example/agentpro.html)．これらはいずれも，既存システムを利用することによる管理情報の差異が問題となる．システム同士で用語が異なったり，あるシステムには存在する項目がもう一方のシステムには存在しなかったりする．このようなケースに INTERSTAGE

AGENTPROは有効で，用語変換はもちろん，項目の差異も吸収した情報統合を行うことができる．

1.3 まとめ

　この章では，電子商取引の概要を解説し，電子商取引にエージェント技術を利用する一例を紹介した．一昔前，テレビや冷蔵庫，洗濯機など家電製品が社会に浸透して社会生活や経済活動に変化が起こったのと同様，コンピュータやネットワークの普及により，社会に変化が再び起こりつつある．商取引は社会にとって基本となる活動であり，そのため商取引の変化は影響が大きい．これからは，常時接続，双方向通信，携帯電話などの情報機器も，家電製品と同様，一家に一つ，いや一人に一つ以上提供され，利用する時代となっていくだろう．そこには，新しい経済活動やビジネスが眠っている．中にはビッグチャンスも転がっているだろう．そのチャンスをものにするには，画期的なビジネスサービスを見つけ出すこと，そのビジネスサービスをどうやって実現するかということを思い付かなくてはならない．今後も，実現する技術の一つとしてエージェント技術の発展は欠かせないものとなるだろう．

参考文献

[1] M.R.Genesereth and S.P.Ketchpel, "Software Agents," *Comm.ACM*, Vol.37, No.7, 1994.

[2] M.N.Huhns, M.P.Singh, "Conversational Agents," *IEEE Internet Computing*, Vol.1, No.2, pp.73-75, 1997

[3] A.M.Keller and M.R.Genesereth, "Multivendor Catalogs: Smart Catalogs and Virtual Catalogs," 1996.

[4] M.R.Genesereth, A.M.Keller and O.Duschka, "Infomaster: An Information Integration System," *Proceedings 1997 of ACM SIGMOD Conference*, May 1997.

[5] S.Choi, D.O.Stahl and A.B.Whinston, "The Economics of Electronic Commerce, - The essential economics of doing business in the electronic marketplace", Macmillan technical publishing, 1997.

[6] M.R.Genesereth and R.E.Fikes, "Knowledge Interchange Format Version 3.0 Reference Manual," *Technical Repost Logic-92-1, Computer Science Department*, Stanford Univ., June 1992, http://logic.stanford.edu/papers/kif.ps

[7] The DARPA Knowledge Sharing Initiative External Interfaces Working Group, "Specification of the KQML Agent Communication Language," Feb 1994, http://logic.ctanford.edu/papers/kqml.ps

[8] 菅坂玉美, 益岡竜介, 佐藤陽, 北島弘伸, 丸山文宏, 「知的エージェント環境 SAGE の企業間 EC への応用 -仮想カタログの概念に基づく SAGE:Francis-」, 電子情報通信学会論文誌, Vol.J81-D1, No.5, pp.468 - 477, 1997

[9] T.Sugasaka, R.Masuoka, A.Sato, H.Kitajima and F.Maruyama, "SAGE and Its Application to Electronic Commerce - SAGE:Francis: A System Based on Virtual Catalog," *Systems and Computers in Japan*, Vol.30, No.6, pp.36-46, June 1999.

[10] T.Sugasaka, K.Tanaka, R.Masuoka, A.Sato, H.Kitajima and F.Maruyama, "A Conversational Agent System And Its Application to Electronic Commerce," *Proceedings of the fourth & fifth world conference on Integrated design and process technology*, 2000.

[11] 益岡竜介, "ソフトウェアエージェント実用化の課題", 電子通信情報学会 人工知能と知識処理研究会 (AI) 1998 年 11 月研究会, 1998 年 11 月.

第2章
インターネットオークション

横尾　真

2.1　はじめに

　インターネットオークションは急成長している電子商取引の重要な一分野であり，人工知能やエージェント技術の有望な適用領域であると考えられる．現在，ebay (http://www.ebay.com/) 等の数多くの商業オークションサイトが存在し，その収益は年々増加している．

　インターネットオークションでは，自分の欲しい商品を探したり，人間に代って入札を代行してくれるソフトウェアエージェントの重要性が大きくなるものと予想される．インターネットの利用により低コストで大規模なオークションが実行可能となった反面，不特定多数の人々が参加可能であることから，オークション方式 (プロトコル) の設計にあたっては様々な不正行為に対する頑健性，オークションの結果に関するなんらかの理論的な裏付け等が重要になるものと考えられる．様々なオークションのプロトコルに関してこれらの性質を解明しようとする研究は，経済学の一分野として活発な研究が行われてきている [1]．本章では，これらのオークションの理論について概説し，インターネットオークションの応用事例を示す．

本章の構成は以下の通りである．まず，具体例を用いてオークションに関する課題について簡単に説明する (2.2)．次に準備として，本章で用いられる用語の説明，理論的性質を示すための各種の前提条件等について述べる (2.3)．次に様々なオークションの方式について説明し (2.4)，これらの方式のもつ理論的な性質について解説する (2.5)．また，インターネットオークションで特徴的な不正行為である架空名義入札の影響に関して詳しく解説する (2.6)．さらに，インターネット上でのオークションの具体的な応用事例について概説する (2.7)．

2.2 オークションの例:長距離電話

オークションの雰囲気をつかむために以下のような事例を考えよう（この例は [2] で紹介されているものを用いている）．

> 顧客は長距離電話をかけようとしている．その際に電話会社は固定的な料金でサービスを行うのではなく，その時点でのトラフィック等に応じて動的に料金設定を行う．電話会社は顧客に対して同時に入札をして価格を提示する．電話機は自動的にこれらの入札を用いて電話会社を選択する．

常識的な方法として，電話機は最も安い入札を選び，最も安い入札をした電話会社がその入札した金額でサービスを提供することが考えられる（この方法は第一価格秘密入札と呼ばれる）．たとえばMCIが18セント，AT&Tが20セント，Sprintが23セントの入札をした場合，MCIが落札し，18セントでサービスを提供する（図2.1）．

普通に考えれば，これより良い方法はないと思われるが，この方法には若干の問題点がある．この方法を用いた場合，電話会社にとって入札値をどう設定するかが非常に難しい問題となる．入札値は理想的には原価に対して適切な利潤を加えたものになるべきだが，適切な利潤というものが定義できない．実際のところ，電話会社は可能な限り利潤を増やしたいのだが，落札できなくては利益が得られない．

2.2 オークションの例:長距離電話

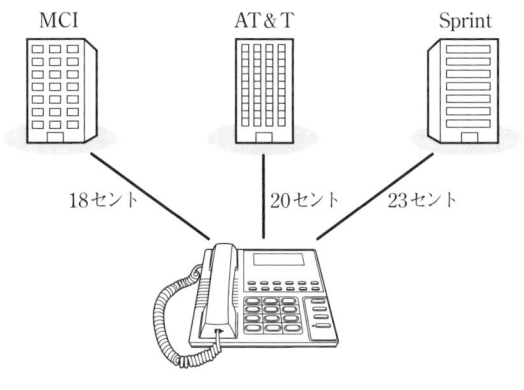

図 2.1 オークションの例

電話会社にとって他社の入札値をなるべく正しく推定することは，非常に重要な課題となり，ダミーの顧客を使って他社の入札値を引き出そうとしたり，他社の入札をスパイするような行為が蔓延することが十分に予想される．他社の入札値を読み間違えた場合，例えば MCI が誤って入札値を 21 セントまで上げてしまった場合は，本来最も安価にサービスが提供可能であった会社がサービスを供給しないことになり，顧客にとっても損失となる．

では，このような状況を回避することは可能だろうか? 以下のように価格の決定方法を変更することにより，この問題を回避できる．

> 電話機は最も安い入札をした会社を選ぶが，その際に顧客が支払う金額は二番目に安い入札値とする．

前述の例と同様，MCI が落札することは変わらないが，顧客の支払う金額は AT&T の提示した 20 セントとなる．この方式は**第二価格秘密入札** (Vickrey オークション) と呼ばれ，ノーベル経済学賞を受賞した W. Vickrey によって提案されたものである．この方法を取った場合，他社の入札値を察知することに意味がないことは明らかである．落札した場合の自分が受け取る金額は他社の入札値によって決定される．自分の入札値は自分が落札できるかできないかには影響するが，落札した場合の支払額には影響しない．

おそらくこの方法は一見，非常識に感じられるであろう．顧客の立場からは18セントの入札があるにも関わらず20セントを支払うのは納得できないように感じられる．しかしながら，実際にはこの方法を取った場合，電話会社にとっては利潤を上乗せしない，原価ぎりぎりの価格を提示するのが最適な戦略となる（それでも利潤は得られる）．最初の方法と二番目の方法では，電話会社の提示する金額が異なってくるのである．後述するように，原価ぎりぎりの価格を提示するのが最適というのは誇張ではなく，利潤を上乗せした価格を提示しても利益が増える可能性はまったくない．

このような原価ぎりぎりの価格は，最初の方法をとる限り，決して電話会社からは引き出せない価格である．実際，後述する収入同値定理により，第二価格秘密入札での顧客の支払う額の期待値は，いくつかの仮定の元で第一価格秘密入札と同じとなることがW. Vickreyにより証明されている[1]．このように複数の利己的な主体（エージェント）が集団として意思決定（この場合はどの電話会社がサービスを提供するか）を行う際に，なんらかの望ましい性質を満たすルールを設計することはメカニズムデザインと呼ばれ，経済学の一分野として活発な研究が行われている[1]．電子商取引の発展，ソフトウェアエージェントによる支援の必要性の増大に伴い，安心して利用できる取引ルールの設計は非常に重要な研究課題となっていくものと考えられる．以下，メカニズムデザインの一種であるオークションの理論に関して，もう少し詳しく説明を行う．

2.3 オークション理論で用いられる用語の説明

オークションとは，おおざっぱにいって，財，仕事等を割り当てる方法の一つであり，参加者は主催者（一般には売手），入札者（一般には買手）である（前章の例では売手と買手が入れ替わっている）．これらの参加者をプレイヤと呼ぶ．また，主催者と落札した入札者の間で，あらかじめ定められた方法で契約が義務づけられる．オークションは，売手が適切な価格を決定することが難しい財の取引に有用であり，簡単に実現できるという利点がある．オークションという用語は後述

する英国型，もしくはその類似の形式のみを意味するために用いられることもあるが，本章では入札も含む，より広い意味でオークションという用語を用いる．

オークションに望まれる性質として，以下のものが考えられる．
・社会的には，割当て結果が**パレート効率的**であること．
・買手にとっては，支配戦略 (最適な入札値の決定方法) があること．
・売手にとっては，なるべく収入が多いこと．
・売手／買手の双方に関して，オークションに参加することによって損をすることがないこと (**個人合理性**)．

パレート効率的な状態とは，いずれかのプレイヤ (参加者) の効用 (うれしさ) を犠牲にすることなしには，他のプレイヤの効用を向上することができない状態を意味する．この定義は一見わかりにくいが，ある状態 s がパレート効率的でないとすると，別の状態 s' が存在し，すべてのプレイヤが s' の方が s よりも望ましいか，少なくとも同等と考えていることになる．このような状態 s' が既知であれば，社会的な決定として s よりも s' の方が望ましいことは自明である．

理解を容易にするため，以下の議論では，買手の効用は**準線形** (quasi-linear) であることを仮定する．すなわち，財を落札した場合の効用は，財の価値と支払額の差で与えられる．財が落札できなかった場合の効用は 0 となる．

この仮定により，パレート効率的な割当てでは，参加者全員 (売手と買手) の効用の和は最大化される．一般には，パレート効率性は効用の和の最大化を意味しない．例えば，二つの可能な状態 a, b に関して，状態 a に関しては二人のプレイヤの効用が共に 99 であり，状態 b に関しては，プレイヤ 1 の効用が 100 で，プレイヤ 2 の効用が 0 であるとする (図 2.2)．図 2.2 で，x 軸はプレイヤ 1 の効用を，y 軸はプレイヤ 2 の効用を示す．プレイヤ 1 は，より右側の状態を，プレイヤ 2 は，より上にある状態を選好する．可能な状態がこれらの二つのみであるとすると，効用の和を最大化するのは状態 a であるが，これらの状態はどちらもパレート効率的である．明らかにプレイヤ 1 は状態 b をより選好し，プレイヤ 2 は状態 a をより選好する．

一方，本章の問題設定ではプレイヤの効用は準線形であり，プレイヤ間でお金

プレイヤ2

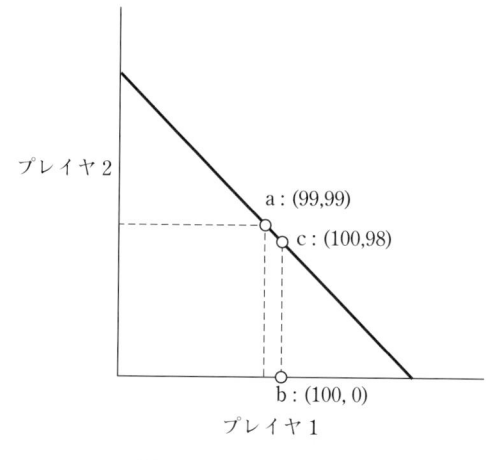

a : (99,99)
c : (100,98)
b : (100, 0)
プレイヤ1

図 2.2　パレート効率性

を用いて効用がやりとりできるため，パレート効率的な割当てでは参加者全員 (売手と買手) の効用の和は最大化される．すなわち，状態 a が実現可能であれば，図の実線上の点すべてが実現可能であり，特に，プレイヤ 1 の効用が 100 で，プレイヤ 2 の効用が 98 という，状態 c も実現可能である．状態 c と状態 b を比較すれば，状態 c の方が同じかより望ましいことは二人のプレイヤ間で合意可能なので，状態 b はパレート効率的ではなくなる．

参加者の性質として以下の二種類が考えられる．
・リスク中立型
・リスク回避型

リスク中立型とは期待値のみを考慮する場合であり，例えばコインを投げて，表なら 100 円，裏なら 0 円もらえるというクジと，確実に 50 円もらえることの価値が同じと思うような参加者の場合である．一方，リスク回避型の参加者は，少ない利益でも確実に勝つことを好むものであり，例えば前述のクジと，確実に 40 円もらえる場合が同程度に望ましいと思う．

また，オークションにかけられる財の性質として以下の三種類が考えられる．
・個人価値

- 共通価値
- 相関価値

　財が個人価値であるとは，財の価値は人によって異なり，その人の価値観によってのみ決定される場合である．再販することを目的としない骨董品等，趣味的な財は個人価値であると考えられる．一方，財が共通価値であるとは，すべての人で財の価値が共通な場合である．この価値を正確にすべての参加者が知っている場合にはオークションを行う必要はないが，正確な値が不明で，買手が異なる推定値をもっている場合にはオークションが必要となる．例えば，鉱山の採掘権 (本当に金が出るかが不明)，サッカーのワールドカップの放映権 (日本が決勝ラウンドに進めるか分からない) 等は共通価値の財と考えることができ，価格の決定においてオークションが有効である．

　通常，財はこの二つの中間である相関価値であるが，解析を容易にするため，これらの両極端のどちらかであるという仮定がよく用いられる．

　さらに，オークションにかけられる財の種類，個数に関して，以下の分類が考えられる．

- 財の種類 (単一／複数)
- 各財の個数 (単一／複数)
- 買手の必要とする財の種類／個数 (単一／複数)

　最も単純な場合として，一種類で一個しか存在しない財のオークションが考えられる．これを単一財，単一ユニットのオークションと呼ぶ．最も複雑な場合として，財が複数種類／複数個数存在し，各買手は複数種類もしくは複数個数の財を必要とする場合が存在する．この場合，個人価値の財であっても，各個人に関して財の間の価値の依存関係が問題となる．

　例えば，紅茶とコーヒー，米とパン等のような財は，通常，どちらか片方は必要だが，かならずしも両方は同時に必要としないという性質を持っている．このような財を代替財 (substitutes) と呼ぶ．一方，紅茶と砂糖，パンとバター等のように，両方同時に保有することで，単独で保有した場合よりも価値が (単独の価値の和以上に) 増加するような財を補完財 (complements) と呼ぶ．ミクロ経済

学では，財 A と財 B が補完財であることを，片方の財の価格が増加したときにもう片方の財の需要が減少することと定義する場合がある [1]．これは本章で用いる定義よりも狭義の定義となっている

また，本章の議論では以下のようなゲーム理論の用語を用いる．

- **戦略**：プレイヤの行動の選択方法．具体的には買手がどのような値を入札するか．例えばじゃんけんならば，グー，チョキ，パーのどれを出すかであり，サイコロを振って適当な確率で選ぶという戦略も可能である．
- **支配戦略**：相手 (他の買手) のどのような戦略に関しても，最適な反応となる戦略．明らかにじゃんけんでは，支配戦略は存在しない．ゲームとしてはまったくつまらないが，グーとチョキしか出してはいけない (パーはなし) というじゃんけんを考えると，グーを出すのが支配戦略となる．すなわち，相手がグーとチョキをどのような組合せで出そうが，自分にとってはグーを出した方がチョキを出すよりもよい結果が得られる．
- **支配戦略均衡**：すべてのプレイヤがそれぞれ唯一の支配戦略をもつとき，それらの組合せは支配戦略均衡と呼ばれる．上記の制限付きのじゃんけんでは，全員がグーを出すのが支配戦略均衡である．
- **ナッシュ均衡**：プレイヤの戦略の組合せは，それぞれが他のプレイヤの戦略に対する最適な反応になっているときにナッシュ均衡と呼ばれる．定義より，支配戦略均衡は必ずナッシュ均衡となるが逆は成立しない．例えば，一般のじゃんけんでは，二人がグー，チョキ，パーを 1/3 の確率で出すという戦略はナッシュ均衡であり，お互いに相手の戦略に対する最適な反応となっている．一方，これは支配戦略均衡ではなく，例えばグーとチョキしか出さない相手に対しては，明らかにグーだけを出した方が良い結果が得られる．

2.4 オークションのプロトコル

以下，いくつかの代表的なオークションのプロトコルについて説明する．

2.4.1 単一種類,単一ユニットのオークション

まず,単一種類,単一ユニットのオークションのプロトコルについて説明する.

(1) 英国型

・プロトコル

　入札値は公開され,入札者は自分の入札値を上方に自由に変えることができる.誰も値の変更を望まなくなった時点で,最高値の入札者が落札し,自分の入札値を支払う.

・入札者の戦略

　自分の評価値,他者の評価値の推定値,他者の入札状況に依存する.

・支配戦略 (個人価値の場合)

　自分の入札値が最高値でない場合,現時点での最高値から少額だけ競り上げ続け,自分の評価値に達したらオークションから降りる.

　支配戦略均衡では,最も高い評価値の買手が二番目に高い評価値+少額で落札する.

(2) 第一価格秘密入札

・プロトコル

　各入札者は他者の入札値を知らされずに入札する.最も高い入札値をつけた入札者がその値で落札する.

・入札者の戦略

　自分の評価値,他者の評価値の推定値に依存する.

・支配戦略

　一般には存在しない.

　第一価格秘密入札では支配戦略は一般には存在しないが,プレイヤの評価値の分布に特定の仮定をおけば,ナッシュ均衡が存在する場合がある.たとえば,自分の評価値が 50 で,相手の評価値に関しては最低が 0 で最大が 100 までということがわかっているが,他の情報は一切なく,どの値であるかは等確率だと仮定する.この場合,相手も自分と同じように考えていると仮定すると,リスク中立型の場合,自分の評価値の半分,すなわち 25 を入札するのが最適となる.入札値

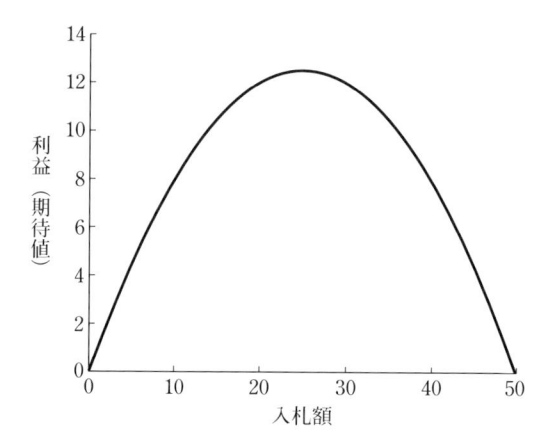

図 2.3 第一価格秘密入札における利益の期待値

をこれ以上高くすると，勝つ確率は増えるが勝った場合の利益は減り，これ以上安くすると，勝った場合の利益は増えるが勝つ確率が減るので，ちょうど半分を入札するのが最適となる (図 2.3). すなわち，それぞれ自分の評価値の半分の価格を入札するのがナッシュ均衡となる．同様に，入札者が N 人の場合には自分の評価値の $(N-1)/N$ を入札するのがナッシュ均衡となる．

(3) オランダ型
・プロトコル

主催者は最初の価格を宣言し，ある買手がストップというまで価格を下げていく．ストップといった入札者がその時点での価格で落札する．

・入札者の戦略

自分の評価値，他者の評価値の推定値に依存する．

・支配戦略

一般には存在しない．

このプロトコルは，一見非常に異なって見える第一価格秘密入札と，戦略的には同値である．すなわち，第一価格秘密入札での任意の戦略に対して，それとまったく同じ結果をもたらすオランダ型オークションの戦略が存在し，逆も成立する．オランダ型の方がより多くの情報が得られるように思えるが，それは間違いであ

り，ある価格まで他の入札者がストップをかけなかったという事実は，現在の値でストップをかけるかどうかの判断に何の情報も与えない．

このプロトコルは一般にはあまりなじみがないが，オランダの花の市場，オンタリオのたばこオークション等で用いられている．また，服などの商品が，シーズン当初は色，サイズは豊富にあるが定価で販売され，次第に割引が大きくなり，シーズン終りには大幅に割引されるが，欲しい色，サイズがあるとは限らないといった状況では，買手はオランダ型のオークションの一種に参加していると考えられなくもない．

オランダ型 (Dutch) オークションという名称は，国債等の公募入札においてまったく異なった意味で用いられることがあるので注意が必要である．この方式は，後述する複数ユニットのオークションで，落札可能となった最低価格を落札者全員が払うもの (統一価格入札方式) に相当する．eBay 等でも，同様の意味でオランダ型オークションという名称が使われている．

(4) 第二価格秘密入札 (Vickrey オークション)

・プロトコル

各入札者は他者の入札値を知らされずに入札する．最も高い入札値をつけた入札者が，二番目に高い入札値で落札する．

・入札者の戦略

自分の評価値，他者の評価値の推定値に依存する．

・支配戦略 (個人価値の場合)

自分の真の評価値を入札するのが支配戦略となる．この性質を誘因両立性 (incentive compatibility) と呼ぶ．

自分の真の評価値を入札するのが支配戦略であることの直感的な説明は，以下の通りである．

自分が落札した場合の支払額は自分以外の人の入札値で決まり，自分の入札額には影響されない．よって，少しでも利益が得られる範囲では確実に勝ち，少しでも赤字が出るようなら確実に負けるような入札値が設定できれば，自分の利益を最大化することができる．これは自分の真の評価値を入札することにより実現

できる．真の評価値未満を入札することは，利益がある場合に勝つ可能性を減らすだけであり，真の評価値を越える値を入札することは，赤字を出して勝つ可能性を増やすのみである．個人価値の場合，第二価格秘密入札で得られる結果は英国型と同様であり，最も高い評価値の買手が二番目に高い評価値で落札する．

2.4.2 単一種類，複数ユニットのオークション

単一種類，複数ユニットのオークションで，各参加者が単一のユニットのみを必要とする場合は，前節で示した四種類のオークション方式に簡単な変更を施すことにより取り扱うことが可能である．例えば，第二価格秘密入札は，財が M ユニット存在する場合，最も高い入札者から M 番目までの入札者が財を落札し，$M+1$ 番目に高い入札額を支払うという方法 (M+1-st price auction) により，第二価格秘密入札と同様に自分の評価値を入札するのが支配戦略となることが保証される．一方，M 番目の価格を支払う方式は統一価格入札方式，もしくは M-th price auction と呼ばれる．

一方，各参加者が複数のユニットを必要とする可能性がある場合は，次節で示す複数財のオークションと同様，複数ユニットの価値の間の依存関係が問題となる．

2.4.3 複数財のオークション

同時多数回オークション (simultaneous multiple round auction) は，英国型オークションを一般化したものと考えられる．同時多数回オークションは複数のラウンドからなり，各入札者は個々の財に対して入札を行う．入札結果は公表され，次のラウンドの入札が行われる．どの入札者も前回の入札額を上げることを望まなければオークションは終了する．落札者は各財に対して最も高い入札額をつけた入札者であり，支払額は落札者自身の入札額である．

財が補完的である場合には，財の組合せに対して入札を許すことが望ましい．FCC (アメリカ連邦通信委員会) による無線周波数帯割当てでは，同時多数回オークションが用いられているが，現時点では組合せに対する入札は用いられていない．

一般化 **Vickrey** オークション (GVA) [3] はクラークメカニズム [1, 4] をオー

クションに適用したものであり，価値に依存関係をもつ複数の財のオークションに適用可能である．

GVA の概要は以下の通りである．

- 各入札者は任意の割当て G に対する (必ずしも真とは限らない) 評価値 $v_x(G)$ を売手に申告する．
- 売手は入札者が申告した評価値の総和を最大化する最適な割当て G^* を決める．
- 落札者に支払額を伝える．このとき，入札者 x の支払額 p_x は以下で定義される．

$$p_x = \sum_{y \neq x} v_y(G^*_{\sim x}) - \sum_{y \neq x} v_y(G^*)$$

ここで，$G^*_{\sim x}$ は入札者 x が入札しなかった場合の，他の入札者が申告した評価値の総和を最大化する割当てである．GVA では，入札者は自分の存在によって生じる，他の参加者の効用の和の減少分を負担するものと考えることができる．

以下に GVA の簡単な例を示す．

(例 1)

入札者 1,2,3 の三人が 2 種類の財 A, B のオークションに参加しているとする．入札は各財 A,B 単独，さらに二つの財の組合せ (A,B) に対して行われる．

- 入札者 1 の入札: ($6, $0, $6)

 財 A に$6, 財 B に$0, 財の組合せ (A,B) に$6, すなわち財 A のみが必要という入札．

- 入札者 2 の入札: ($0, $0, $8)

 個々の財単独では$0, 両方の財が揃った場合に$8 という入札．

- 入札者 3 の入札: ($0, $6, $6)

このとき，財 A は入札者 1 に，財 B は入札者 3 に割り当てられる．一方，入札者 1 が入札を行わなかった場合，入札者 2 が両方の財を得て，評価値は$8 となる．一方，入札者 1 が入札を行った場合は，入札者 3 が財 B を得て，その評価値は$6 である．このため，入札者 1 の支払額は $8 - $6 = $2 となる．すなわち，入札者 1 が入札を行わなければ他の参加者の効用の総和は$8 である．一方，入札者 1 が入札を行うことにより，全員の効用の総和は$12 に増加しているが，他の

図 2.4 GVA の支払額と効用

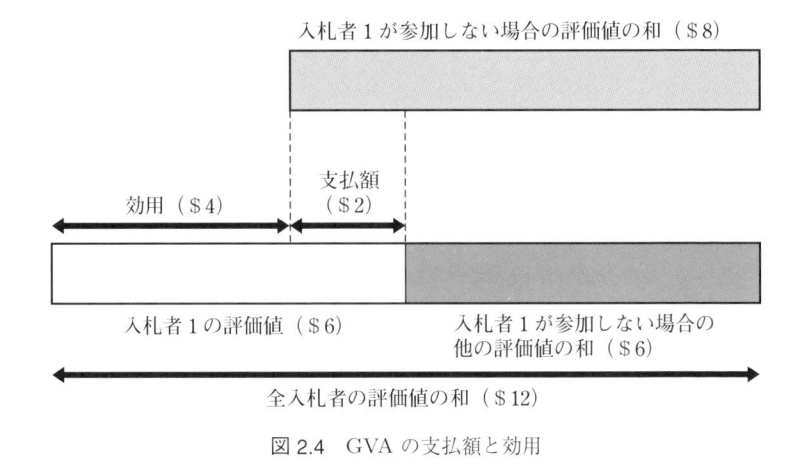

参加者の効用の総和は$6 に減少している．このため入札者 1 は他者の効用の減少分である$2 を支払うことが要求される．入札者 3 の支払額も同様に計算できる．

2.5 プロトコルの性質

2.5.1 単一種類，単一ユニットのオークション

前述の通り，オランダ型と第一価格秘密入札は戦略的に同等である．また，個人価値，リスク中立型の入札者の場合，英国型と第二価格秘密入札で得られる結果は同じである．また，これらの四つのプロトコルにおいてナッシュ均衡が存在する場合，いくつかの仮定の元で，これらの均衡で売手の収入の期待値は同じであることが知られている．この性質は収入同値定理と呼ばれる [1]．

2.5.2 複数財のオークション

単一種類，単一ユニットのオークションでは，英国型と第二価格秘密入札では得られる結果は同じと考えることができた．一方，複数財のオークションで組合せに対する入札を許す場合，英国型を一般化した同時多数回オークションと第二価格秘密入札を一般化した GVA では，得られる結果が異なる場合がある．その

2.5 プロトコルの性質

理由の一つとして，**フリーライダ**(ただ乗り)問題が存在する．以下に簡単な例を示す．

例1と同じ評価値をもつ三人の入札者が，2種類の財A,Bの同時多数回オークションに参加しているとする．入札者1は財Aへ$3を入札しており(真の評価値は$6)，入札者3は財Bへ$3を入札している(真の評価値は$6)とする．入札者2は財の組合せ(A, B)へ$7を入札している(真の評価値は$8)．このとき，この入札結果を知ることで，入札者1と3は次回の入札額を上げるべきかどうかを悩むであろう．どちらか一方が入札額を上げれば，もう一方は支払額を上げることなく財を得ること(ただ乗り)が可能となる．もし双方とも入札額を上げなければ入札者2が落札し，パレート効率的な割当ては達成されない．

一方，GVAは，第二価格秘密入札と同様，個々の財および組合せに対して真の評価値を入札することが支配戦略となり，パレート効率的な割当てが実現される．GVAでフリーライダ問題が生じないことの直感的な説明としては，例1で示されているように，GVAでの支払額は，同時多数回オークションで，可能な限りただ乗りをした場合の金額と等しくなっていることがある．このため，各入札者には入札額を下げようとする誘因は生じない．

一般に，GVAでは真の評価値を入札することが支配戦略となることは，以下のように説明できる．

GVAでは，申告された評価値の和が最大となるように，すなわちパレート効率的な割当てが行われるように財の割当方法が決定される．一般には，各個人の利益と社会全体の利益は一致しないが，GVAでは支払額を調整することにより，社会全体の利益と個人の利益を一致させている．図2.4にGVAの支払額と入札者1の効用の関係を示す．GVAにより計算される入札者1の支払額は，入札者1が参加しなかった場合の評価値の和(上段の灰色の棒の長さ)から，入札者1が参加した場合の，他の入札者の評価値の和(下段の黒色の棒の長さ)を引いたものになる．前述の例では，$8 - $6 = $2である．一方，参加者1の効用は準線形の効用であるという仮定から，財の評価値から支払額を引いたものとなる．前述の例では$6 - $2 = $4となる．これは，図の下段の両方の棒の長さの和から上段

の棒の長さを引いたものに等しい．一方，上段の棒の長さは，入札者 1 が参加しなかった場合の評価値の和であり，これは入札者 1 の申告した評価値とは無関係に決定される．よって，入札者 1 にとっては，下段の両方の棒の長さの和が最大化された場合に，自分の効用が最大化されることになる．一方，下段の両方の棒の長さの和はすべての入札者の評価値の和を意味しており，それゆえ入札者 1 にとって，社会全体の利益が最大化される場合に，自らの利益も最大化されることになり，社会全体の利益と個人の利益が一致する．このため，入札者には嘘の評価値を申告しようとする誘因は生じない．

このように GVA は理論的に非常に優れた性質をもつが，次節で示すように架空名義入札が可能な場合にはこれらの性質は保証されない．また，GVA を実行するためには複雑な最適化問題を解く必要があり，AI の探索の手法を利用することが検討されている [5]．

2.5.3 共通価値

共通価値の場合，**勝者の災い** (winner's curse) と呼ばれる現象が生じる．財の価値が個人の価値観のみで決まる個人価値の場合と異なり，共通価値の場合には，特別に良い情報をもっていない限り，最も楽観的な，誤った推定値をもった入札者が勝者となる．このため，自分の推定値の近くまで入札値をつりあげると，期待利得が負になる可能性がある．以下に簡単な例を示そう．

二人の買手が第一価格秘密入札をする状況を考える．また，各買手のもつ推定値は，楽観的で真の値より 100 多い値となっているか，悲観的で真の値より 100 少ない値となっているかのいずれかで，確率はそれぞれ 1/2 とする (図 2.5)．各買手は自分の推定値がこのような確率で選ばれていることを知っているが，自分の推定値が実際には ±100 のどちらかなのかに関してはわからないとする．ここ

$$-100 \qquad 真の値 \qquad +100$$

図 2.5　勝者の災い

で，以下のような考えをもつ買手はどのような結果を得るだろうか？

> 自分の推定値は楽観的か悲観的のどちらかだが，平均的には正しい．よって，自分のもっている推定値から 40 減らした値を入札すれば，勝った場合の期待利得は 40 になる．

残念ながらこの予想は正しくない．二人の買手の推定値の可能な組合せは 4 通りである．また，入札値が同じ場合はコイン投げで勝者を決めるとする．相手も同じ戦略をとっている場合，自分が確実に勝つ状態は 1 通り，すなわち図 2.5 で自分が +100，相手が −100 の場合で，確率 1/4 で利益 −60 となる (真の価値より 60 高い値段で買ってしまう)．一方，同点の場合は 2 通りであり，コイン投げをするため，確率 1/8 で利益 −60，1/8 で +140 を得る (図 2.5 で双方とも −100 の場合は真の価値より 140 低い値段で買える)．この結果，(負ける場合も含めた) 期待利得は以下で与えられる．

$$(-60) \times \frac{1}{4} + (-60) \times \frac{1}{8} + 140 \times \frac{1}{8} = -20 \times \frac{1}{4} = -5$$

この結果，期待利得は −5 となり，期待値は負となってしまう．勝った場合だけに限定すると，勝つ確率は 1/2 で，勝った場合の期待利得は −10 である．上式の 2 番目の項と 3 番目の項だけを考えれば，確かに勝った場合の期待利得は 40 なのだが，実際には 1 番目の項が効いて期待利得は負になる．すなわち最初の予想は，自分の推定値が楽観的な場合に勝つ確率が高くなることを考慮していなかったのである．

入札者の数が増えれば事態はもっと深刻になる．入札に勝つのは推定値が大き過ぎた場合のみとなり，勝った場合の期待利得は −60 に近づくであろう．また，慎重さに欠ける買手 (例えば推定値 −10 を入札する等) を相手にしている場合にも，同様に期待利得は小さくなる．

勝者の災いという現象は，不動産には掘り出し物はないといった一般的な常識と一致している．不動産の価値は各個人によって多少の違いはあるにしても，基

本的には共通価値と見なすことができるだろう．掘り出し物の物件を見つけたと思ったときには，何か重要な情報を見落としている可能性が高いと考えた方が良い（例えば，物件を見に行った日にはシャッターが閉っていた隣の家が，実は暴力団の事務所であった等）．

2.5.4 談合／主催者の嘘

例えば，買手1の評価値が20で，その他の買手の評価値が18の場合を考えよう．英国型では，買手1は6を，その他は(いくらかの見返りの代償として)5を入札するという談合が可能である．この場合，他の買手が談合破りをしようとしても，それはすぐに買手1に露見してしまい，買手1は対策(入札値を増加すること)が可能である．また，第二価格秘密入札でも同様に，買手1は20，その他は5を入札するといった談合が可能であり，1以外の買手にとって，談合を破っても利益を得ることは不可能である．

一方，第一価格秘密入札，オランダ型では，買手1が18以下を入札する場合，他の買手にとって談合破りは利益になり，買手1は談合破りに対する対策は不可能である(談合破りが露見した時点ではもう手遅れである)．主催者側から見れば，第一価格秘密入札およびオランダ型の方が談合が成立しにくいので望ましいと言える．

また，第二価格秘密入札では主催者が嘘の入札を作ることにより利益を得ることが可能である．すなわち，勝者の入札価格よりわずかに低い入札をでっち上げれば良い．他の方法では露見しない嘘を作ることは難しいが，英国型ではさくらを使うことが可能である．多くのインターネットオークションサイトでは英国型オークションが用いられており，さくらの可能性が存在する．

2.6 架空名義入札

2.6.1 架空名義入札の影響

インターネットオークションにおいて，一人の入札者が複数の名義(異なるメー

ルアドレス) を用いて複数の入札を行うことは容易である．ネットワーク環境では，各参加者の身元を正確に認証することは事実上不可能であり，インターネットオークションにおいて架空名義入札は深刻な問題となり得る．

単一財，単一ユニットのオークションでは複数の名義を用いても利益を得ることはできないが，複数財のオークションでは このような架空名義入札により利益が得られる可能性がある．

(例 2)

二種類の財のオークションで，以下の場合を考えよう．

入札者 1: (\$6, \$6, \$12)

入札者 2: (\$0, \$0, \$8)

この場合，GVA では入札者 1 が両方の財を得て，\$8 を支払うことになる．一方，入札者 1 が入札者 3 という架空名義を用いて例 1 と同じ入札を行えば，それぞれの名義で一つずつ財を得ることができる．この場合の支払額は共に\$2 で，結局支払額\$4 で両方の財を得ることができ，架空名義を用いることにより効用が増加している．

この場合，入札者 2 にとってこれらの財は補完的である．財の評価値が補完的な入札者が存在する場合，財を一つの名義でまとめて落札するより複数の名義で分けて落札した方が支払額が少なくなるという現象が生じる可能性がある．この例で示されているように架空名義の可能性がある場合には，GVA では誘因両立性，すなわち真の評価値を述べることが支配戦略であることは保証されず，パレート効率性も保証されない．

さらに，GVA のみならず，どのようなオークション方式をもってしても，複数財のオークションで架空名義入札が可能な場合には，パレート効率性，誘因両立性，および個人合理性 (参加者はオークションに参加することによって損をすることがないこと) を同時に保証することは不可能であることが証明できる [9]．

以下に証明のアウトラインを示す．具体的には，あるオークションプロトコルが誘因両立性，パレート効率性，個人合理性を同時に満たすと仮定して，矛盾を導く．

(例 3)

まず，A,B なる二種類の財のオークションで，三人の入札者の評価値が以下の場合を考えよう．

　　　入札者 1: ($a, \$0, \$a$)
　　　入札者 2: ($\$0, \$0, \$a+b$)
　　　入札者 3: ($\$0, \$a, \$a$)

ここで，$a > b$ が成立するものとする．どのようなオークションプロトコルを用いるにせよ，パレート効率性を満足するという仮定から，入札者 1 は財 A を得て，入札者 3 が財 B を得る．ここでの入札者 1 の支払額を P_a としよう．もし入札者 1 が財 A の評価値を偽って，$a' = b + \epsilon$ (ϵ は微少額) と申告したとしよう．この場合も入札者 1 は財 A を得ることができ，個人合理性より，その支払額 $P_{a'}$ は申告した評価値 a' 以下である．また，誘因両立性より，$P_a \leqq P_{a'}$ が成立する必要がある．すなわち，真の評価値を表明した場合の方が，偽って申告した場合より支払額が大きくなることはない．よって，$P_a \leqq b + \epsilon$ が成立する．入札者 3 に関する支払額の条件もまったく同様に得られる．

(例 4)

次に，入札者が二人だけの以下の状況を考える．

　　　入札者 1: ($\$a, \$a, \$2a$)
　　　入札者 2: ($\$0, \$0, \$a+b$)

パレート効率性より，両方の財は入札者 1 に割り当てられる．この場合の入札者 1 の支払額を P_{2a} としよう．この場合，入札者 1 は入札者 3 という架空名義入札を行うことにより，例 3 とまったく同じ状況を作り出すことが可能である．よって，誘因両立性，すなわち架空名義入札を行わず，一つの名義で真の評価値を入札した場合の方が効用が少なくとも同じか，より大きいことを保証するためには，$P_{2a} \leqq 2 \times P_a \leqq 2b + 2\epsilon$ が成立する必要がある．

(例 5)

一方，次の状況を考える．

入札者 1: ($c, $c, $2c)

入札者 2: ($0, $0, $a + b)

ここで，$b + \epsilon < c < a$ かつ $a + b > 2c$ が成立するものと仮定する．この場合，パレート効率性より，両方の財は入札者 2 に割り当てられ，入札者 1 は財を得ることができず，その効用は 0 である．一方，入札者 1 が評価値を偽って過大申告し，($c, $c, $2c) ではなく，($a, $a, $2a) を申告した場合，例 4 とまったく同じ状況を作り出すことができ，入札者 1 は両方の財を得ることができ，その支払額は，$P_{2a} \leqq 2b + 2\epsilon$ である．この場合，支払額は両方の財の価値 $2c$ より小さく，入札者 1 は正の効用を得ることができる．すなわち，入札者 1 は過大申告により利益を増大することができる．これは，プロトコルが誘因両立性を満たすという仮定と矛盾する．

どのようなオークションプロトコルを用いようとも，プロトコルが誘因両立性，パレート効率性，個人合理性を満足している限り，この例で示した矛盾が成立する．よって，架空名義入札が可能な場合，誘因両立性，パレート効率性，および誘因両立性を同時に満足することは不可能である．

この証明が示しているのは，例 3 ではフリーライダ問題を避けるために支払額が低く抑えられており，例 4 では架空名義入札を避けるために，やはり支払額が低く抑えられている．この結果，支払額が低くなり過ぎてしまい，例 5 では，過大申告により利益が得られるという結果になっている．フリーライダ問題と架空名義入札はコインの裏表のような関係になっており，両方を同時に解決することは難しく，特にパレート効率性を保証しながら両方の問題を解決することは不可能である．

さらに，文献 [7] では，架空名義入札が存在する場合においても，プロトコルが誘因両立性を満足することを仮定しても一般性は失われないという性質 (顕示原理と呼ばれる) が成立することを示している．この結果，一般に支配戦略均衡において，パレート効率性および個人合理性を同時に満足するようなプロトコルは存在しないことが導かれる．

2.6.2 架空名義入札に頑健なプロトコル

では，パレート効率性を若干犠牲にして誘因両立性を保証するオークションプロトコルは実現可能だろうか？

最も単純で自明なものとして，常に財をセットで売るというものが考えられる．この場合は，問題は単一財のオークションと同じとなり，通常の第二価格秘密入札，すなわち最も高い評価値を付けたエージェントが財を得て二番目に高い入札額を支払うという方式を用いれば誘因両立性は保証される．

すべての財が互いに補完的，すなわち財をまとめて保有する場合の価値が財を個別に保有する場合の価値の和よりも大きければ，財をまとめて売ることは意味があるが，財が代替的な場合にすべての財を常にまとめて売ることは明らかに無駄が多く，社会的余剰および売手の収入は GVA を用いる場合と比較して，著しく減少することが予想される．

財が A，B の二種類という最も単純な場合を考えると，社会的余剰を増加させるためには，常に財をセットで売るのではなく，ある場合には財をまとめて売り，ある場合には個別に売るというように，入札状況に応じて売り方を変えられるプロトコルの方が望ましいと考えられる．一方，架空名義入札の効果がないことを保証するためには，以下の条件が成立する必要がある．

> 財 A，B が単独で異なるエージェントに売られる場合，これらのエージェントの支払額の和は，財 A，B のセットに対する最大の評価値より大きい．

この条件が成立しない場合，財 A，B を単独で落札した複数のエージェントが，実際には同じエージェントの架空名義である可能性が生じる．しかしながら，支払額に関する上記の条件を満足するように誘因両立的なプロトコルを設計することは困難である．例えば以下のようなプロトコルは誘因両立性を満足しない．

- 頑健でないプロトコル

    GVA を用いて暫定的な勝者と支払額を決定する．財 A，B が単独で異なるエージェントに売られ，支払額の和が前述の条件を満たさない場合，すなわち支払額の和が財 A，B のセットに対する最大の評価値より小さい場合は財をセッ

トで売る（支払額はセットに対する二番目の評価値とする）．その他の場合は GVA の結果を用いる．

例1の状況を考えると，GVA によれば財 A，B は単独に異なるエージェントに売られるが，前述の条件を満足しないため，財はセットでエージェント2に売られることになる．よってエージェント1は財を得ることができず，効用は0である．しかしながら，エージェント1は，エージェント4,5なる架空名義を用いて以下の状況を生じさせることができる．

エージェント1の入札: ($6, $0, $6)
エージェント2の入札: ($0, $0, $8)
エージェント3の入札: ($0, $6, $6)
エージェント4の入札: ($3, $0, $3)
エージェント5の入札: ($0, $5.9, $5.9)

この場合，GVA を用いた結果，財 A はエージェント1に，財 B はエージェント3に割り当てられ，支払額はそれぞれ$3と$5.9となり，支払額に関する条件を満足する．架空名義入札が可能な場合，他者の支払額を操作することは容易である．ここではエージェント1は，エージェント3に多額の支払いを強要することにより，自分に財が割り当てられるように操作している．誘因両立性を保証するためには，多くの場合，支払額は二番目の価格に準ずるものが用いられるのが通例である．架空名義入札が可能な場合において誘因両立的なプロトコルを設計するためには，支払額の計算に不可欠である二番目の価格の情報を用いずに，上記の支払額に関する条件を満足させる必要があるという非常に困難なジレンマを解決しなければならない．

このジレンマを解決することは，一見，不可能なように思われるが，留保価格 (それ未満では売らない価格) を用いることにより，このジレンマを解決することが可能である．財 A，B に対する留保価格を r_A, r_B としよう．財 A，B のセットに対する最大の評価値が $r_A + r_B$ より小さいときに限り，財を個別に販売することにすれば，上記の条件を満足することができる．文献 [8] では，このアイデアを一般化したレベル付分割セットプロトコルが提案されている．

	case1	case2	case3
レベル 1	[{(A,B)}]	[{(A,B,C)}]	[{(A,B,C,D)}]
レベル 2	[{(A),(B)}]	[{(A,B)},{(B,C)},{(A,C)}]	[{(A,B,C)},{(B,C,D)},{(A,D)}]
レベル 3		[{(A),(B),(C)}]	[{(A),(D),(B,C)}]

図 2.6 レベル付分割セットの例

レベル付分割セットの例を図 2.6 に示す．case 1 は A,B の二種類の財がある場合，case 2 は A,B,C の三種類，case 3 は A,B,C の三種類の財がある場合のレベル付き分割セットの一例である．レベル付分割セットプロトコルでは，まずレベル 1 のすべての財のセットに関して，留保価格以上の入札があれば，すべての財をセットで販売する．そのような入札がなければレベル 2 に移行し，留保価格以上の入札があれば，レベル 2 に示されている財の分割方法に限定して GVA を適用し財を販売する．そうでなければ，次のレベルに移行するという処理を行う．レベル付き分割セットの特徴は，各レベルに現れる各分割方法に関して，その二個以上の和集合が必ずより上位のレベルに現れるようになっている点である．例えば，case 3 のレベル 3 には，$(A),(D),(B,C)$ なる分割方法が現れているが，これの任意の 2 個以上の和集合 (例えば (A,B,C)) は，必ず上位のレベルに存在する．この意味するところは，より大きなセットを買おうとする入札者に優先権を与えるということであり，このようにレベル付分割セットを定義することにより，複数の名義を用いて商品のセットを別々に購入するより，単独の名義でまとめて買った方が支払額が少ないことが保証され，よって誘因両立性が保証される．

2.7 応用事例

本節ではインターネットオークションの応用事例を紹介する．2000 年の 10 月 27 日現在で，Yahoo! のオークションのカテゴリには 330 のサイトが登録されている．これは一年前の時点と比較して 3 倍以上に増加している（2002 年 8 月 17 日現在，逆に 239 に減少している）．

これらのサイトには，売手と買手の仲介のみを行うもの，サイトが直接販売を

行うものの両方が存在する．また，商用のサイト，公共的なサイト，学術研究を目的としたサイト等が存在する．以下に代表的なものについて紹介する．

eBay (http://www.ebay.com/) は老舗 (といっても 1995 年ぐらいからであるが) の商業サイトであり，売手と買手の仲介を行う．売手は最初に登録料を支払い，売上に応じた数パーセントの手数料を払う必要がある．扱われている商品は非常に多様であり，出展商品数は常時 400 万件を越えており，1200 万人以上のユーザが存在すると報告されている．プロトコルとして英国型が用いられており，あらかじめ上限の価格を登録しておき，エージェントに自動的に競り上げを行わせる機能も利用できる．オランダ型 (Dutch) オークションも利用可能と記述されているが，これは前述の統一価格入札方式と類似のものである．また，2000 年より日本版の e ベイ・ジャパンが開始されている（その後，日本法人は営業中止となっている）．

一方，もう一つの老舗のサイトである Onsale は仲介と同時に直接販売を行い，中古品のみでなく数多くの新品も扱っている（その後 Egghead に買収され，Egghead も Amazon に買収された）．また，オークションのみでなく定価販売も行われている．商品はコンピュータ製品から旅行まで幅広く，コンピュータメーカが型落ちの在庫処分のために放出したものもある．プロトコルは基本的には英国型であり，自動競り上げの機能が利用できる．また，1999 年 6 月より日本法人も営業を行っている．

Yahoo!自身もオークションを行っている．形式は売手と買手の仲介であり，手数料は不要である（現在は有料化されている）．さらに，オンラインの書籍販売で著名な Amazon もオークションを行っており，オークションの老舗のサザビーズと提携を行っている．

これらのサイトで用いられているオークション方式は基本的には英国型であるが，商品が複数ユニット存在する場合，統一価格入札方式を用いる場合と，自分の入札価格で落札する場合の両方が存在する．また，エージェントによる自動競り上げ機能が用いられた場合，ユーザから見れば実質的には第二価格秘密入札と等価な方法を用いていると考えることもできる．

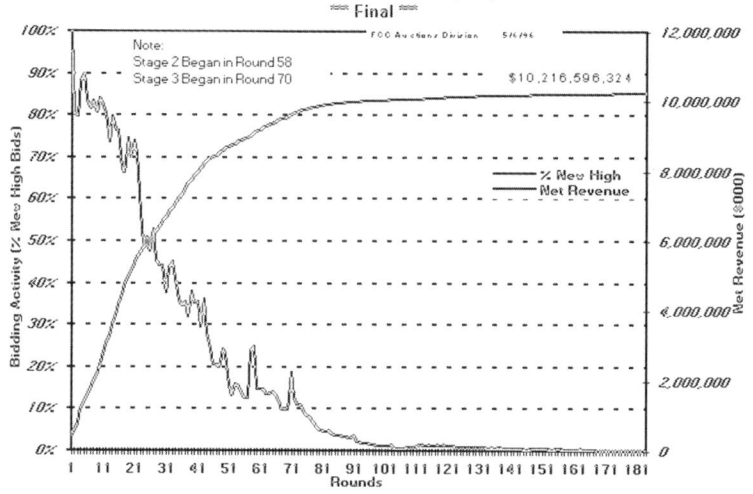

図 2.7 FCC オークションにおける新規入札の割合と入札総額の推移
(http://wireless.fcc.gov/auctions/05/charts/5_cht1.gif より)

上記のサイトは個人売買を主とするものであるが，国家レベルで企業を相手としたオークションを行っている例として，米国の連邦通信委員会 (FCC) による無線周波数帯域の使用権のオークションがある．FCC は日本の総務省の総合通信局に相当する組織であり，アメリカ国内の無線電波に関する免許を発行している．従来は公聴会や抽選等によって免許を発行していたが，免許発行後の権利譲渡や，不要になってしまった周波数帯域の非有効利用等の問題があった．公共の財産である周波数帯域の効率的かつ迅速な運用を行うため，1994 年よりオークションによって無線免許を与える方針となった．FCC のオークションプロトコルの設計には多数の経済学者が参加しており，オークションの理論的研究を活発化させるエポックメーキングな出来事となった．日本においても IT 戦略会議で議論が行われるなど，無線周波数帯域の使用権のオークションの機運が高まっているようである．

FCC でのオークション方式は前述の，同時多数回オークションが用いられている．入札者はあらかじめ登録を行う必要があるが，オークションの過程は WWW

で公開されている．オークションにかけられる周波数の個数は数千にも達し，同時多数回オークションの収束に数百回近くのラウンドが必要とされる場合もあると報告されている．図 2.7 に，1996 年に行われたオークションでの，各ラウンドにおける新規入札の割合と入札総額の推移の例を示す．この例では，収束に至るまで 180 回近くのラウンドを要している．

周波数帯域の利用権に関しては，明らかに財の価値の間に依存関係が存在する．例えば，ある地域の周波数帯域の利用権を獲得することは，隣接する地域の周波数帯域の利用権の価値を増大させる（隣接する地域の周波数帯域には補完性がある）．同時多数回オークションを採用することにより，入札者は現在のラウンドの入札状況から，複数の周波数帯域の利用権が同時に獲得可能かどうかについて一定の情報を得て，次回の入札値を調整することが可能となる．理想的には財の組合せに関して直接入札できることが望ましいが，手続きが煩雑になり過ぎるという理由で採用は見送られている．

一方，学術的なサイトとして，ミシガン大学の M. Wellman らのグループが開発している AuctionBot (http://auction.eecs.umich.edu/) がある．このサイトは，売手と買手の仲介を行い，売手は本章で紹介した各種のオークション形式とパラメータを設定することができる．また，特徴的なこととして，ユーザが API を用いてショッピングを行うソフトウェアエージェントを構築することが可能である．これらの API を用いて，第 4 回マルチエージェントシステム国際会議 (Fourth International Conference on Multi-agent Systems, ICMAS-2000) において，ソフトウェアエージェントがオークションを用いて商品の売買のゲームを行う Trading Agent Competition が開催されている．

また，Fishmarket (http://www.iiia.csic.es/Projects/fishmarket/newindex.html) は，実際のオークションは行っていないが，オランダ型のオークションを行うテストベッドを提供しており，買手の戦略を評価するトーナメントが行われている．

2.8 まとめ

本章ではオークションの基礎理論について概説し，インターネットオークションのいくつかの応用事例を紹介した．オークションの理論に関する入門書としては文献 [9] の 12 章が詳しい．より手軽な読み物としては文献 [10] があり，第 IV 部にオリンピックの放映権の入札事例等を用いたオークションの解説がある．文献 [1] はミクロ経済学の上級レベルの教科書であり，23 章にオークションメカニズムの解説，収入同値定理の証明が示されている．オークションに関するサーベイ論文として文献 [11]，より最近のものとして文献 [12] がある．また，文献 [13] はインターネットオークションのビジネスへの応用に関する詳しい解説であり，文献 [14] は電子商取引全般へのエージェント技術の応用に関するサーベイである．オークションは人工知能／エージェント技術の有望な応用分野であり，近年，人工知能の分野の国際会議 (IJCAI, AAAI)，マルチエージェントシステム国際会議 (ICMAS) 等でも関連する論文が多数発表されている．

参考文献

[1] A. Mas-Colell, M. D. Whinston, and J. R. Green, "Microeconomic Theory", Oxford University Press, 1995

[2] J. S. Rosenschein, and G. Zlotkin, "Rules of Encounter", MIT Press, 1994

[3] H. R. Varian, "Economic mechanism design for computerized agents", *In Proceedings of the First Usenix Workshop on Electronic Commerce*, 1995

[4] 奥野正寛, 鈴村興太郎『ミクロ経済学 I, II』岩波書店, 1988

[5] T. Sandholm, "An algorithm for optimal winner determination in combinatorial auction" *In Proceedings of the Sixteenth International Joint Conference on Artificial Intelligence (IJCAI-99)*, pp.542–547, 1999

[6] 櫻井祐子, 横尾真, 松原繁夫「電子商取引における一般化 vickrey オークションプロトコルの問題点：架空名義入札に対する頑健性」コンピュータソフトウェア, Vol.17, No.2, pp.1–9, 2000

[7] 横尾真, 櫻井祐子, 松原繁夫「架空名義表明のメカニズムデザインに対する影響：インターネットでの集団意思決定に向けて」コンピュータソフトウェア, Vol.17, No.5, 2000

[8] M. Yokoo, Y. Sakurai, and S. Matsubara, "Robust combinatorial auction protocol against false-name bids", *Artificial Intelligence*, Vol.130, No.2, pp.167–181, 2001

[9] E. Rasmusen, "Games and Information", Blackwell, 1994

[10] J. マクミラン『経営戦略のゲーム理論』有斐閣, 1995

[11] P. R. Milgrom, "The economics of competitive bidding: a selective survey" In L. Hurwicz, D. Schmeidler, and U. Sonnenschein eds, "Social Goals and Social Organization", Cambridge University Press, 1985

[12] P. Klemperer, "Auction theory: A guide to the literature", *Journal of*

Economics Surveys, Vol.13, No.3, pp227–286, 1999

[13] E. Turban, "Auctions and bidding on the internet: An assessment", *International Journal of Electronic Markets*, Vol.7, No.4, 1997
http://www.electronicmarkets.org

[14] R. H. Guttman, A. G. Moukas, and P. Maes, "Agent-mediated electronic commerce: A survey", *The Knowledge Engineering Review*, Vol.13, No.2, pp147–159, 1998

第3章
情報推薦システム

寺野隆雄

　適切な商品が適切なタイミングで推薦されることは消費者にとって好ましいことであり、また、eコマースに携わる商店にとっても望ましい．情報推薦システム——リコメンダシステム（Recommender System）あるいはリコメンデーションシステム（Recommendation System）[1]——は、この仕組みをコンピュータやネットワーク上に構築するものである．第3章では、このような情報推薦システムの由来とeコマースにおける重要性について論じ、その基本的な考え方と技術的な実現方法を紹介する．また、我々が開発に携わった最近のシステム例についても述べることにする．

3.1 eコマースの特性と情報推薦システムの役割

3.1.1 eコマースにおける商店と消費者
　誰にでもお気に入りの店がある．ラーメンならあそこ、イタリアンならあそこ、着るものならそことここ、コンピュータなら、本屋なら…．ひとことで言ってしまえば「雰囲気があっている」というのがお気に入りの理由だが、ちょっと考えると、それぞれの店を選ぶ基準が少しずつ違っていることに気づくだろう．レストランならば自分の嗜好が重要だし、衣料品や化粧品ならば店員の接客態度が、趣

味の店なら品揃えがポイントとなる．eコマースを成功させようという観点から考えると，これらの三つのポイントは，消費者の性質を知ること，利用者インタフェースが使いやすいこと，商品の種類と説明が充分であることに相当する．

これらの観点から「商品に関する適切かつタイムリーな推薦情報」が提供されれば，いっそう望ましい．インターネット上にせよ実際の商店にせよ，そこを頻繁に訪問する顧客にとって，顔あるいは自分の好みを覚えてもらうこと，自分と同じような好みをもつ仲間がいることが，適切な推薦情報を得るためには必要である．一昔前であったら，顧客の顔や好みを覚えることは，近所の商店街のおやじさんの当然の義務であったし，田舎のよろず屋さんは，それこそ何にでも相談にのってくれたものである．また，近所付き合いや会社・学校での付き合いの中で適切な口コミのグループができあがり，個々のコミュニティの仲間内で情報交換が行われていた．

現在のeコマースやコンビニを中心とした消費活動では，直截的に消費者の顔が見えないし，表立って企業がコミュニティを作ることもできない．1990年代後半のeコマース概念の爆発的な流行は，インターネットが普及することで，古い商習慣は情報技術主導の方法にとってかわるはずであるという信念に基づくものであった．しかし，世界的に見ても，21世紀に入ってからはeコマースの失敗例が数多く報告されている．結局のところインターネット上の商店は，商品を受注する部分に，あるいは同じことだが，消費者から見ると商品を発注する部分に特化して情報化を行っただけであり，商習慣全体を改革するものではなかったのである．

3.1.2 消費者行動からの推薦情報生成

このような状況を打破しようという試みもなされている．BtoC (Business to Customer) における関係性マーケティング，CtoC (Customer to Customer) におけるコミュニティマーケティングの考え方がそれである．eコマースを実践する場合，それなりの努力をしなければ個々の消費者の好みを反映した商品販売はできないし，消費者のコミュニティを育てることもできない．そのような努力が

3.1 eコマースの特性と情報推薦システムの役割

なければ，消費者はWeb上では，一番安価な商品あるいはWeb上でのみ入手できるような特殊な商品しか購入しなくなるからである．しかし，それでは一般のeコマース商店は経営が成立しない．情報推薦システムは，このような状況下で非常に重要である．

適切な情報推薦システムは，商品販売の方式を改善し，Webインタフェースによるeコマースや，電話を用いたコールセンターのためのシステムに統合することができる．そして，消費者としての二つの要求にコンピュータとネットワークシステムが応え，なおかつeコマースの推進者にとっては経済的に効率よくこのような機能を実現させる手段となる[2]．

従来の商店と消費者とを結ぶチャンネルと比較すると，インターネット上のWebサイトを利用したチャンネルは以下の三つの特徴をもつ．

・Webサイト上での消費者の行動や購買に関する履歴情報を容易に取得できる．
・必要に応じてアンケート調査を実施することにより，消費者の生の意見を収集できる．
・個々の消費者に対して，個別の情報提供や相談に応ずることができる．

コンピュータとネットワークを利用した情報推薦システムは，この特徴を利用している．もちろん，消費者の行動履歴をデータベース化して，これを新たな購買につなげようという手法はインターネットに特有なものではない．ダイレクトメールサービスを中心とするデータベースマーケティングでは，このような手段は普通にとられている．インターネットを利用した情報推薦システムの特長は，以下の節で述べるような方式によって，高速かつオンラインで推薦情報を生成できること，消費者の性格と商品の性質とを自動的にマッチングさせることができることにある．消費者別の情報推薦をパーソナライゼーションということもある．

図3.1にeコマースと情報推薦システムの関係を示す．消費者はWebサイトを通じて商品情報を得て，特定の商品を購入することを決定する．通常の商店であれば，店員がその場合のアドバイスや情報提供・推薦を行うが，インターネット上ではそれは不可能である．そこで，顧客のプロファイル情報，過去の購入履歴，過去のWebサイトの閲覧履歴，あるいは商品情報のデータベースなどを利用し

62 3 情報推薦システム

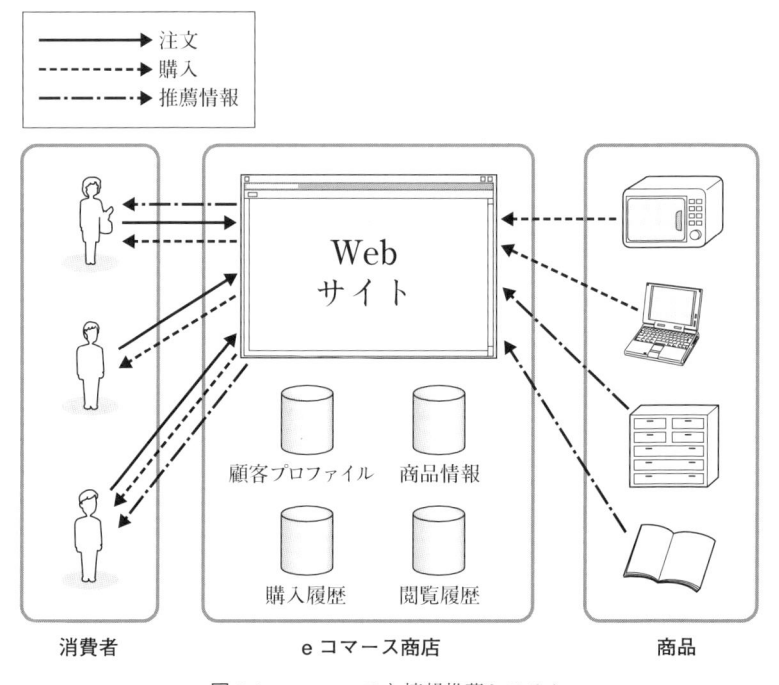

```
───────▶ 注文
--------▶ 購入
─・─・─▶ 推薦情報
```

図 3.1　e コマースと情報推薦システム

て，適切な推薦情報を提供しようというのが情報推薦システムの位置付けである．

　この情報推薦は，もちろん人手で行うことが可能である．しかし，潜在的な顧客が数万人から数千万人にまで及ぶようなインターネットの世界では，このような人手による推薦情報の作成は現実的でない．ここに，新しい情報技術を適用した情報推薦システムの必要性が生ずるのである．

3.2　情報推薦システムはどう使われるか

　ここでは，e コマースの Web サイトにアクセスしたユーザにどのような形で情報推薦が行われるのかを例示しよう．後で述べる具体的な情報推薦システムの例にしたがって，インターネット書店の例を考えることにする．

　まずインターネット書店のサイトにアクセスすると，通常，図 3.2 のような画面

3.2 情報推薦システムはどう使われるか

図3.2 インターネット書店の初期画面例
(インターネット書店『スカイソフト』のトップページより)

が現れる．ちょうど本屋の棚のように本のリストが表示され，平積みに相当する「売れ筋」の本（あるいは書店が売りたいと考えている本）はグラフィック表示されており，タイトルをクリックすると，目次や概要の説明画面に切り替わる．さて，このような初期画面で示される情報は，情報推薦システムの出力だろうか？

そうでない場合もそうである場合もある．人手でこれらの情報の更新が陽に実施されている場合は，我々はこれを情報推薦システムの出力とは考えない．こうした表示は，ユーザの嗜好に合わせた柔軟性に欠けるからである．情報推薦シス

テムの機能を働かせるには，ユーザがこのサイトに対してとった行動の情報が必要である．それは，図 3.1 に示したようなデータベースに蓄積される．推薦情報を作るのに利用されるのは，サイトをどのように閲覧したかという履歴情報かもしれない．以前に，このサイトから本を購入したことがあれば，過去の購入情報を使うかもしれない．あるいは，図書購入時にはからずも入力する個人情報がきっかけになっているかもしれない．いずれにせよ，ユーザが一度 e コマースの商店にアクセスしたら，関連する情報は利用される可能性がある．もちろん，ユーザのプライバシーは尊重されなければならない．しかし，e コマースを利用する以上，これらの情報利用は避けることはできないのである．

　書店のページを操作して，いくつかの書籍，たとえば「ハリーポッターと賢者の石」をユーザが選んだとしよう．すると，次のようなことが起こる．これは明らかに情報推薦システムの出力である．

- 推薦文 A：『以下は「ハリーポッターと賢者の石」を読んだ方の感想です．
  　…　おもしろかったです　…
  　…　厚い本なのに読めてしまいました　…
  　…　ふりがながあるのがとってもよかったです　…』
- 推薦文 B：『「ハリーポッター」シリーズは 7 巻まで発刊される予定です』
- 推薦文 C：『「ハリーポッター」シリーズを 3 巻まで購入されたお客さまには，ミヒャエル・エンデの「はてしない物語」もお薦めします』

　ユーザの声を集めるインタフェースを書店が用意していれば，推薦文 A は，この本に関するユーザの購入履歴データベースから作成することができる．ユーザが書店に情報を登録する際に，個人のハンドルネームを同時に登録しておき，それを利用しながら匿名で書評を公表できるようにしているサイトも多い．中には特定のハンドルネームで検索することにより，すべての書評を取り出せるようにしているサイトも存在する．これは単純な方法であるが，一種の情報推薦システムである．

　推薦文 B は，図 3.1 の商品情報データベースから出力される可能性が高い．特

定の商品情報に関連する情報をあらかじめデータベースに登録しておけばいいからである．最近は，商品に関する情報はコンピュータで処理できるような形式でメーカから提供される場合が多いので，この種類の商品情報の提供を自動化することはさほど困難ではない．これはコンテンツに基づく推薦方式の一種である．

推薦文 C は，以下に述べるような実現方式で生成される，情報推薦システムが威力を発揮する性質のものである．「ハリーポッターシリーズ」も「はてしない物語」も同じファンタジーのカテゴリに入るという理由で推薦文 C を提供しているのなら，これはコンテンツに基づく推薦方式の実現例である．「ハリーポッターシリーズ」を購入したユーザが同時に「はてしない物語」も購入する例が多いという情報に基づいて推薦文 C を提供しているのなら，これは協調フィルタリングに基づく推薦方式の例である．いずれにしても，ユーザから見ている限り，その差異はほとんど区別できない．それを理解するためには情報推薦システムの細かい実現方式にまで立ち入らねばならない．

さて，こうして Web サイトを探索した後，結局「ハリーポッターと秘密の部屋」を購入することにしたとしよう．初めてこの書店を利用する場合には，支払い方法や書籍を配達する住所情報などを入力する必要がある．ついでに，ユーザのプロファイル情報を書きこむことも多い．このプロファイル情報は，次にこのサイトを利用するときに，推薦情報を生成する場合に利用される．

支払い手続きが終了する直前に次のような推薦文が出力されることがある．

> 推薦文 D:『「指輪物語」もお薦めです』

推薦文 D は，図 3.1 に示したサイトの閲覧履歴を利用すると比較的容易に生成することができる．ファンタジー関係の書籍ばかりを探索していたという事実があれば，それに基づいてファンタジー関係の書籍を推薦すればよいのである．

以上見てきたように，推薦情報を生成する仕組みは比較的簡単であり，ベテランの（人間の）店員のお薦めの方法とはかなり異なる．この自動化を工夫することが優れた情報推薦システムを実現するカギになる．以下の節ではそのための基本的な技術について解説する．

3.3 情報推薦システムの実現方式

3.3.1 情報推薦システムの主要な方式

現在，各種のeコマースサイトで利用されている情報推薦の方法は，表 3.1 に示す 3 種類に大別することができる．

最初のチェックボックス方式は，従来からダイレクトメールサービスなどで用いられている手法と同様の方式である．すなわち，アンケート情報などを用いて消費者から直接顧客情報を取り込んで，それを情報推薦に利用するものである．たとえば，「40 歳代・男性・家族あり・持ち家あり（これは著者の情報であるが）」という消費者の情報から顧客情報をセグメント化し，そのセグメントに対応した商品情報を提供しようというものである．たとえば，この情報から「ガン保険としては A コースをお薦めします」といった推薦文を提供する（これも著者にはよく来るタイプのメールである）．

このような方式は，e コマースのシステムに導入するのが容易である．しかしながら，セグメントの粒度が大きくなり，しかも固定化される傾向が強いので，消費者にとってはきわめて当たり前の結果が出やすい．この意味で飽きられやすい方式である．

次のルールベース方式は，e コマースのサイト運営者が消費者の特性情報（消費

表 3.1 情報推薦システムの主要な実現方式

	チェックボックス方式	ルールベース方式	リコメンダシステム方式
方法	顧客からアンケート等によって好みのジャンルやキーワードなどを入力してもらう方式．	サイト運営者が顧客のプロファイルごとに対応のルールを設定する方式．	顧客の行動や購買の履歴を収集し，興味を推定し，リコメンド情報を自動生成する方法．
特徴	導入が容易である．顧客にとっては提供される情報に当たり前といった感覚を持たれる．	サイト運営者の意図が反映できる．個人ごとに適切なルールを設定することが非常に困難である．	自動的に顧客の好みを割り出すことができる．多数の顧客と多くの行動履歴の蓄積が必要となる．

者プロファイル）の各分類属性（セグメント）に対応する推薦ルールを設定する方式である．これは，1980年代に使われたエキスパートシステムの考え方とよく似た方法であり，エキスパートシステムと同様の利点と欠点をもつ．すなわち，サイト運営者が商品や消費者に関する知識を十分に備えた専門家であり，かつ，その専門知識を "If … Then …" などの形式で記述することができれば優れた性能を示す．その反面，専門知識の獲得とシステム化は非常に困難であり時間と費用がかかる．また，知識の維持・管理も難しい．さらに，個人向けの適切なルールを設定することも難しい．

ただ最近は，機械学習あるいはデータマイニングの手法の進歩によって，顧客の購買データなどから対応する知識を抽出できるようになってきている．マーケティング分野で有名な「オムツを買う人はビールを買うことが多い」というような経験則は，このようなデータマイニング手法で得られたものである．データマイニングの手法を全面的に利用して情報推薦システムを実現することは，今なお，重要な研究テーマである．

最後のリコメンダシステム方式は，以下の節で詳しく紹介するものであり，最近，研究開発の中心的な話題となっている方式である．この方式は，消費者プロファイルや行動・購買履歴情報を収集分析し，別に収集した商品情報と組み合わせて，適切な推薦情報を生成するものである．3.2節ではユーザの行動に注目して情報推薦システムの動きを説明したが，実際にシステムを実現する上では，これらのデータの扱いが重要である．これは，図3.2に示すように入力データの表現，近接領域の設定，推薦情報の生成の三つのフェーズから構成される [3]．

入力データの表現においては，商品種類数と顧客数が増加した場合の処理時間の拡大の程度，商品種類数と顧客数の組合せの疎密度，商品種類や顧客の類似度を的確に表すことが重要である．これらのデータは，基本的には表形式の関係データベースに表現されていることを仮定する場合が多い．しかし，マルチメディア情報を陽に扱う場合には，より複雑なオブジェクト指向データベースを扱う必要も生じる．

近接領域の設定においては，顧客間の距離を適切に設定し，適度のクラスタを

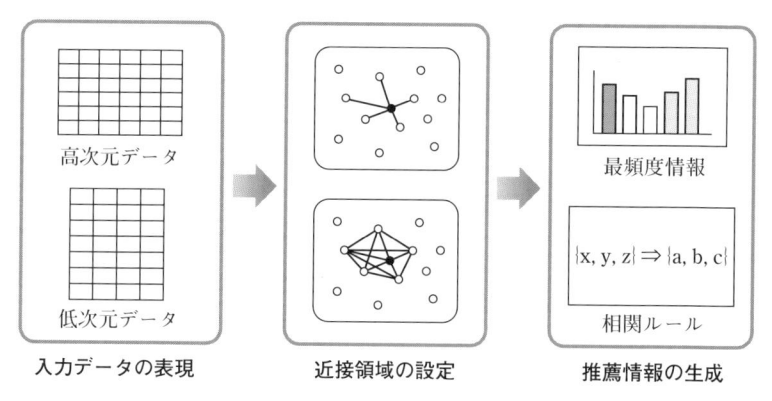

図3.3 リコメンダシステムによる推薦情報生成の3フェーズ

作ることが重要である．これはどの顧客とどの顧客が類似しているか，またどの商品とどの商品が類似しているかを測定する尺度を定めることになる．

推薦情報の生成においては，最頻度の情報を推薦する方法や，データマイニングにおける相関ルールを利用した情報を推薦する方式などが知られている．しかし，意外性のある情報を推薦するためには，これだけでは不充分な場合も多い．情報推薦システムにおいては，顧客のニーズに完全に一致した情報はむしろ好まれず，どのような情報に興味をもたれるのかを分析することが重要である．

リコメンダシステム方式は，さらに3種類に分類される．
(1) 消費者情報を重視して，同じ好みをもつコミュニティを生成・利用する協調フィルタリング法（Collaborative Filtering Method）．
(2) 商品データの分析情報を重視して，適切と思われる商品を推薦するコンテンツ分析法（Contents Analysis Method）．
(3) 両者を融合したハイブリッド法（Hybrid Method）[1]．

リコメンダシステム方式では，自動的に消費者の好みを割り出すことができるのが大きな特長であるが，多数の消費者の多くの行動履歴が存在しないと推薦情報の精度が出ないこと，消費者数と商品種別数の比が適切でないとよい結果が出ないことが問題である．

実際には，これらの3種類の推薦情報生成方式は補完的に用いられることが多

い．消費者がeコマースサイトに登録した直後は，チェックボックス方式で情報提供を開始し，サイトの利用が進んで履歴情報が蓄積されると，リコメンダーシステムによって推薦情報を自動生成してサービスを提供する．また，これらの推薦情報を分析して専門知識を抽出し，ルールベース方式でより知的な情報提供を行うという具合である．

3.3.2 情報推薦システムのサーベイ

情報推薦システムの初期のものは，次のような方法で実現されている．まず，消費者情報を年齢や性別などの適当な属性で分類しておく．こうして作られた消費者のグループを消費者セグメントという．こうした消費者セグメントを作ることができれば，それぞれにアピールする内容を考案して，セグメントごとに対応するダイレクトメールを発信すればよい．

一方，協調フィルタリングの概念は比較的簡単なものであるが，その実現は意外に新しい．この手法を用いた初期のシステムとしては，Tapestry がある [4]．これはオフィスにおけるワークグループなど，特定コミュニティの利用者の意見を陽に用いて推薦情報を生成するものであった．システムは電子メールやネットニュースの記事とそれに対する評価を蓄積し，利用者の要求に応じた推薦情報を生成する．Tapestry はキーワードを用いて情報をフィルタリングする．このとき，自分と同じ関心をもつユーザは，自分と同じような情報を必要とするという仮定に基づいている．

本格的な協調フィルタリングを用いたシステム例としては，GroupLens[5] がある．これは，ネットニュースの記事に与えた点数に基づいて利用者を分類し，個人の得点を予想する機能をもつ．GroupLens は後に Net Perception[6] という名称で商用化されている．

GroupLens におけるユーザの評価を定量化する手法について，詳しく紹介する（「協調フィルタリングに関する研究動向」福原知弘より）．ユーザは興味をもった記事に対して 5 段階の得点を与える．システムは記事とユーザの評価をこの 5 段階の得点で収集する．これは，表 3.2 のような表形式のデータベースにまとめら

表 3.2 GroupLens におけるユーザのメッセージ評価表

メッセージ番号	ユーザ A	ユーザ B	ユーザ C	ユーザ D
1	1	4	2	2
2	5	2	4	4
3			3	
4	2	5		5
5	4	1		1
平均評価	3	3	3	3
新メッセージ 6	?	2	5	?

れる．協調フィルタリングの特徴は，メッセージ 1〜5 までの情報に基づいて，メッセージ 6 で？マークのついている評価値を予想することにある．その計算手順は次の通りである．

ユーザ A と同じメッセージを評価している他のユーザ B, D の評価との間の相関係数を計算，これを類似度とする．

次にユーザ間の類似度を用いて，個々のメッセージに対する評価を予想する．これによると，たとえばユーザ A とユーザ B との類似度 R_{ab} は以下のように計算できる．

$$\begin{aligned}R_{ab} &= \frac{\mathrm{cov}(a,b)}{\sigma_a \sigma_b} \\ &= \frac{\sum_{i=1}^{5}(a_i-\bar{a})(b_i-\bar{b})}{\sqrt{\sum_{i=1}^{5}(a_i-\bar{a})^2}\sqrt{\sum_{i=1}^{5}(b_i-\bar{b})^2}} \\ &= \frac{(1-3)(4-3)+(5-3)(2-3)+(2-3)(5-3)+(4-3)(1-3)}{\sqrt{(1-3)^2+(5-3)^2+(2-3)^2+(4-3)^2} \times \sqrt{(4-3)^2+(2-3)^2+(5-3)^2+(1-3)^2}} \\ &= \frac{-2-2-2-2}{\sqrt{10}\sqrt{10}} = -0.8\end{aligned}$$

ここで a_i, a, b_i, b は，それぞれユーザ A, ユーザ B のメッセージ i に対する評価とその平均を示す．σ_a, σ_b は，それぞれユーザ A, ユーザ B の標準偏差を表す．$\mathrm{Cov}(a,b)$ は，ユーザ A とユーザ B との共分散である．同様に考えて計算す

ると，ユーザ A とユーザ C との類似度は +1.0 になる．また，ユーザ A とユーザ D との類似度は 0.0 である．すなわち，ユーザ A はユーザ B とは興味が相反しており，ユーザ A とユーザ C との興味は一致する．また，ユーザ A の興味とユーザ D との興味は関係がない．

メッセージ 6 に対するユーザ A の評価値 E_{ab} を予想すると次のようになる．

$$\begin{aligned}
E_{ab} &= \bar{a} + \frac{\sum_{j \in \alpha}(M_b - \bar{M})r_{aj}}{\sum_{j \in \alpha}|r_{aj}|} \\
&= 3 + \frac{(2-3)r_{ab} + (5-3)r_{ac}}{|r_{ab}| + |r_{ac}|} \\
&= 3 + \frac{-1 \times 0.8 + 2 \times 1}{|-0.8| + |1|} = 4.6
\end{aligned}$$

ここで α はユーザ A の評価に相関値が存在するユーザの集合であり，この場合は，ユーザ B とユーザ C が α の要素である．M_b は，α の要素が 6 番目のメッセージを評価した値である．$\bar{M}$ は，α の要素のユーザの評価の平均を表す．これにより，ユーザ A のメッセージ 6 に対する評価の予測値は 4.6，同様に，ユーザ D の予測値は 3.8 となる．

このような予測方法は最小二乗法によるものであるが，ほかの類似度計算方法もいくつか提案されている．

GroupLens と同様の概念に基づいたシステムに FireFly[7] がある．これは，最初は口コミ（Word of Mouth）を自動化するシステムとして発表された．また，Fab[8] は協調フィルタリングとコンテンツ分析の両方を用いたハイブリッドシステムとして知られている．

研究者の間でリコメンダシステムという名称が有名になったのは，Communication of the ACM（米国計算機学会誌）が 1997 年にこのタイトルの特集号を出版してからである [1]．この中では，消費者と商品とを結びつけるという新しい概念を明確に打ち出している．この分野に興味をおもちの方はぜひ目を通していただきたい文献である．

3.4 協調フィルタリングによる推薦生成

　協調フィルタリングは，消費者の行動や購買履歴から顧客の好みを推測し，膨大な種類の商品の中から顧客の嗜好に合ったものを推薦情報として提供する手法の一つである．この基本的な方法は，図3.4の通りである[6]．この方式の特徴は，商品情報に関する消費者の嗜好を評価し，類似した嗜好をもつ消費者のグループを生成することにある．推薦情報は，類似した嗜好をもつ他の消費者が高く評価した商品のうち，自分がまだ購入していないものとして与えられる．そのためには，まず

(1) 多くの消費者の購買履歴を収集する．
(2) 特定消費者がある商品を新たに購入すると，同じ商品を購入した過去の消費者を検索してグループ化する．
(3) グループ内の消費者が共通して購入した商品群をもとに推薦情報を生成する．

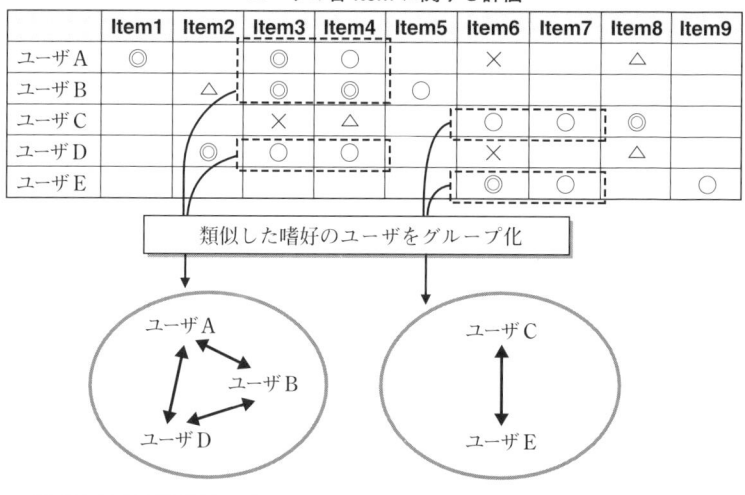

ユーザの各 Item に関する評価

	Item1	Item2	Item3	Item4	Item5	Item6	Item7	Item8	Item9
ユーザA	◎		◎	○		×		△	
ユーザB		△	◎	◎	○				
ユーザC			×	△		○	○	◎	
ユーザD		◎	◎	◎		×		△	
ユーザE						◎	○		○

類似した嗜好のユーザをグループ化

ユーザA ― ユーザB ― ユーザD

ユーザC ― ユーザE

グループ内で，自分が未評価で他人の評価の高いItemがリコメンドされる

図 3.4　協調フィルタリングによる推薦情報の生成

というステップが必要である．

図 3.4 中では，購買履歴として大勢の情報のつもりで，5 人（ユーザ A,B,C,D,E）のものが集められている．◎○△×はそれぞれユーザが購入した商品（Item）であり，それぞれこの順に買った商品を評価しているものとする．表中の空欄はユーザが購入していないことを表す．この表から次のことがわかる．

まず，類似した商品を購入したユーザは類似した性向をもっていると仮定すると，購入した Item の類似性から，ユーザ A,B,D が一つのグループを，ユーザ C,E が二つめのグループを形成する．ユーザ A に対する推薦情報は，A がまだ購入していないが，ユーザ B が購入して○印で高い評価を与えている Item5 や，D が同様に最高の評価◎を与えた Item2 となる．しかし，これらの商品がユーザ A にとって本当に望ましいものかどうかは，この表中のデータからはわからない．ユーザ E に対しても同様な理由により，ユーザ C がすでに購入して高い評価◎を与えている Item8 が推薦される．

この手法では，コンテンツの内容に関する分析はまったく行わない．したがって，コンテンツに関して必要な情報はその ID だけである．協調フィルタリング方式の利点は，次の 2 点である．

・推薦対象に関する制約が存在しない．
・他の消費者の評価情報を用いることにより，過去に評価した情報に類似した情報のみが推薦される状況を回避できる．

すなわち協調フィルタリングは，商品のコンテンツを分析することなしに，購買情報のみから消費者のコミュニティを生成する仕組みであるということができる．

一方で，次の 4 点が欠点として指摘されている．

・推薦対象となるコンテンツの量に対して十分な数の消費者が必要となる．
  – まず，推薦対象となる商品種類が少ない場合，同じような情報が生成されてしまう．
  – 商品種類が多い場合でも，全コンテンツのうちすでに購入されたもののみが推薦される．
  – 一般と異なる嗜好をもつ消費者については，類似ユーザが存在しないため，推

薦が不可能になる.
- 消費者の誤入力による影響が他利用者に及ぶことが防げない.
- 新しい商品が登録されても誰かが評価を下すまで推薦対象にならない.
- コンテンツに対する分析を行わないため,内容が類似しているが,IDの異なる商品に関する消費者を結びつけることができない.

すなわち協調フィルタリングは,商品種類も消費者も大量に存在する場合でないと良い推薦を生成することができない.これがたとえば,オンライン書店Amazon.comなどで利用されている理由の一つであると考えられる.Amazon.comで扱う商品の種類は数百万あり,また利用者数も数千万人に達すると伝えられている.

3.5 コンテンツ分析による推薦

コンテンツ分析による推薦では,協調フィルタリングとは逆に,商品のもつコンテンツ情報を分析して消費者に適したものを提供する方法である.この基本的な方法は,図3.5の通りである[8].この方式の特徴は,商品コンテンツ情報の特

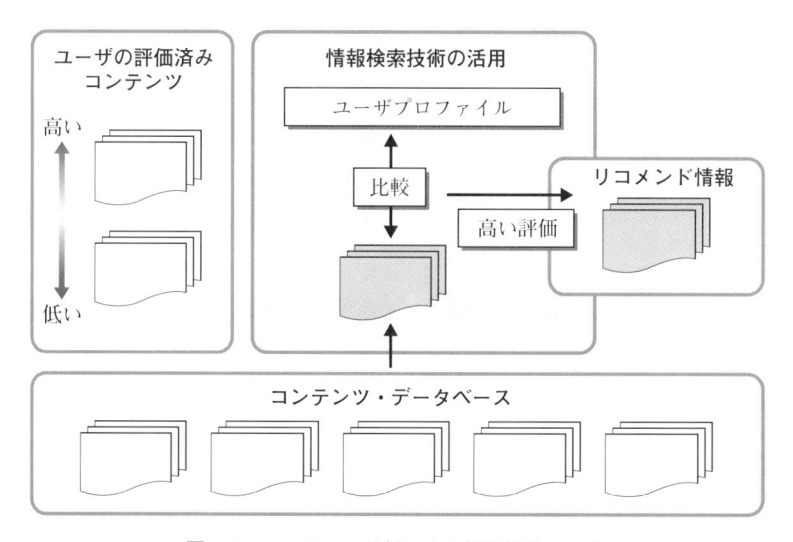

図3.5 コンテンツ分析による推薦情報の生成

徴表現と消費者プロファイルの興味表現とを比較することによって推薦情報を決定する点にある．この過程では，情報検索分野の技術が主に用いられる．そのためには，まず

(1) 商品のコンテンツを分析し，その特徴を表現したコンテンツデータベースを作成する．
(2) 消費者の購買履歴とそれに対応するコンテンツ情報を収集する．
(3) 消費者が高い評価を与えた商品と類似したコンテンツをもつ商品をもとに，推薦情報を生成する

というステップが必要である．

ふたたびインターネット書店の例を考えよう．商品としての図書には，必ず目次や概要，コピー，帯などの情報データベースが付随している．上述したコンテンツデータベースを作成するには，これらの情報を利用すればいい．消費者が購買した書籍の情報も，このデータベースを利用すると渦背風することができる．そして，消費者が「ハリーポッター」を高く評価しているのならば，「ハリーポッター」のコンテンツの特徴に対して高い評価を与えておけばよい．類似したカテゴリーの消費者が登場した場合には，それに基づいて同じファンタジーものを推薦すればよいのである．

コンテンツ分析による推薦情報の生成では，協調フィルタリングの場合に見られたような商品種類数と消費者数の規模の大きさは要請されない．ところが欠点として，以下の3点が挙げられている．

・推薦の対象とするコンテンツの内容が，コンテンツ分析の技術によって制限される．現状では，情報検索とテキストマイニングの技術がその中心であるために，コンテンツとしてはテキスト情報以外のものはうまく扱えない．
・推薦される情報は，利用者プロファイルに対して高い類似度をもった情報である．したがって利用者は，すでに評価した情報と類似した情報ばかりを提供されるという傾向がある．
・コンテンツ分析において，利用者の明示的な評価のみが入力情報である場合が多い．したがって，利用者にコンテンツ評価作業をさせるための動機付けが必

要である．

それゆえ，コンテンツ分析による推薦情報の提供は分野が限られたものにならざるをえない．

協調フィルタリングとコンテンツ分析の良い点を統合しようというのがハイブリッド方式である．この方法では，協調フィルタリングと同様に，類似した嗜好の消費者をグループ化することによって推薦情報を生成する．ただし，消費者の嗜好を表現するためのプロファイルを生成する部分で，評価済みコンテンツに対してコンテンツ分析を行う方法が一般的である．このシステム例として Fab が存在する [8]．

3.6 推薦システムの適用例：意外性の高い情報を提供する TwinFinder

本節では，これまでの議論に基づいて，我々が開発した情報推薦システム TwinFinder の研究例を紹介する．TwinFinder は日本における洋書販売ビジネスを対象としており，購買履歴と書籍情報を用いて，顧客ごとに適切な推薦情報を自動生成する，コンテンツ分析方式のシステムである．TwinFinder は，順マッチング方式と交差マッチング方式の 2 種類のリコメンデーション手法を用いる．2 種類の手法により，システムは，顧客にとって有益性や意外性の高いリコメンド情報を提供することができる [2],[9]．

3.6.1 TwinFinder の位置付け

書籍を対象にリコメンドサービスを提供する場合には，コンテンツ方式と協調フィルタリング方式のどちらも適用可能である．ただし，前節までに述べたように，それぞれの手法の欠点から，適用する場合において次の点が懸念される．

・コンテンツ分析方式でリコメンドされる書籍は，顧客が過去に購入した書籍に類似したものばかりになる可能性が高い．

・協調フィルタリング方式では，書籍販売では対象とするコンテンツ数が膨大であるため，リコメンドサービスの対象となる顧客数も相当な規模でなければ質

3.6 推薦システムの適用例：意外性の高い情報を提供する TwinFinder

の高いサービスが期待できない．

TwinFinder はコンテンツ分析方式を用いるが，リコメンド情報の幅を広げる工夫をすることにより，コンテンツ分析方式の欠点を解消することを狙うシステムである．書籍販売のような対象コンテンツ数が非常に大きな業種において，顧客規模が小さい場合にも質の高いリコメンドサービスを提供可能にすることを目的としている．我々が目標とする洋書店の規模は，扱う書籍の種類においては Amazon.com に匹敵するが，顧客数は数万人のオーダーにすぎない．

3.6.2　TwinFinder のリコメンド情報生成手順

図3.6は，TwinFinder がリコメンド情報を生成する基本手順である．一般的に，テキストドキュメントを対象としたコンテンツ分析型リコメンデーションでは，消費者の興味の表現である顧客プロファイルやコンテンツの特徴表現として，キーワードベクトルが用いられる．TwinFinder においても同様である．TwinFinder は，消費者の購買履歴と書籍情報を用いて顧客プロファイルのキーワードベクト

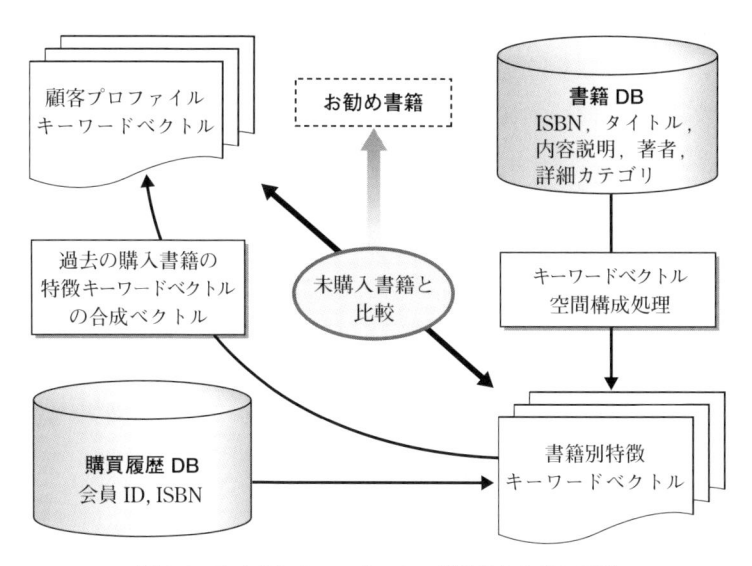

図 3.6　TwinFinder のリコメンド情報生成基本手順

ルを生成する．その後，顧客プロファイルと書籍特徴の類似度を計算し，類似度が高い書籍を推薦情報とする．

3.6.3 顧客プロファイルの作成
(1) 書籍購買行動に関する考察

実際の書店で興味にあった書籍を探し出す場合の行動を，図3.7の書籍購買行動モデルのように仮定しよう．購入書籍を決定するまでの行動は，興味分野にあった書棚を選択する行動と，該当する書棚の書籍の背表紙や目次の情報を利用して興味に沿った書籍を選択する行動の二つに大別される．行動の特徴から，前者を分類型選択行動，後者を検索型選択行動と呼ぶ．TwinFinderでは，この書籍購買行動モデルに合わせて，分類型選択行動に相当する書籍カテゴリと検索的選択行動の基準となるキーワード・ベクトルの2種の顧客興味表現系を採用する．

(2) 書籍カテゴリ

TwinFinderでは，書籍をArt, Business & Economics, Cooking, Computers等の49カテゴリに分類するBISAC Subject Category（BISAC:Book Industry Systems Adrisory Committee）を用いる．我々の事前調査によると，対象書店では，複数の書籍を購入した消費者は複数のカテゴリから洋書を購入している例が多く，一般書籍に対する興味の幅は非常に広い．インターネットの書籍販売におい

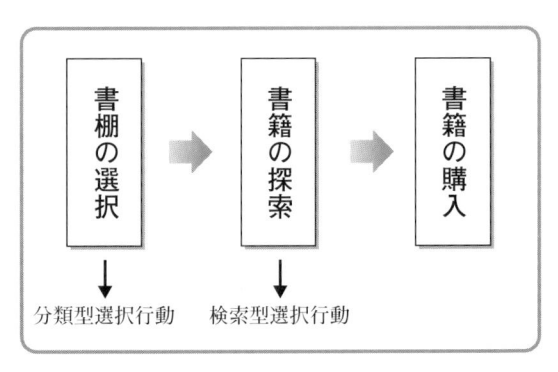

図3.7 書店内での書籍購買行動モデルに関する仮定

3.6 推薦システムの適用例：意外性の高い情報を提供する TwinFinder

ては，消費者が自ら目的の書籍を探す方法として検索機能が用いられる．消費者が複数のカテゴリに興味をもっている場合，検索する書籍カテゴリによってまったく異なるキーワードを使い分けるであろうことは容易に想像できる．したがって，顧客興味を表現する顧客プロファイルを作成する場合にも，消費者の興味の幅が広い場合には複数のキーワードベクトルを作成する必要がある．TwinFinderは，書籍カテゴリを顧客興味の単位と仮定し，購買書籍カテゴリ別の複数のキーワードベクトルにより顧客プロファイルを構成する．

(3) キーワードベクトル

具体的な顧客プロファイルとして，キーワードベクトルを用いる．洋書のデータベース上の項目から書籍の特徴を代表する項目として，タイトル，内容説明，著者，サブカテゴリ（49 分類をさらに詳細に約 3700 に分類したもの）を用いて，キーワードベクトルを構成する．一般には，タイトルや内容説明といったテキスト形式のデータ中の語句をキーワードとして利用するが，今回は，著者やサブカテゴリの情報も一つのキーワードとしてベクトル中に含める．

● キーワードベクトルの作成手順

図 3.8 に顧客プロファイルのキーワードベクトル作成ステップを示す．まず，書籍ごとにキーワードベクトルを付与する．消費者の購買書籍カテゴリごとのキーワードベクトルは，過去の購買書籍のキーワードベクトルを書籍カテゴリごとに合算することによって作成する．

図 3.9 は，書籍ごとのキーワードベクトルの作成手順である．書籍のタイトルと内容説明については，テキスト処理を行っている．テキスト処理の内容は，次の手順の通りである．

(1) テキストに含まれる各単語に品詞を付与する．品詞を付与するためのツールとしては，Brill's English Tagger[10] を用いる．
(2) 不要語の削除は，品詞情報を用いて，名詞・形容詞・外来語以外の品詞を削除する．その後，事前に作成した不要語リストを適用する．
(3) 削除されずに残った単語を単語キーワードとして利用する．
(4) 複合語キーワードは，文章中に名詞が連続して出現した場合に，その組合せ

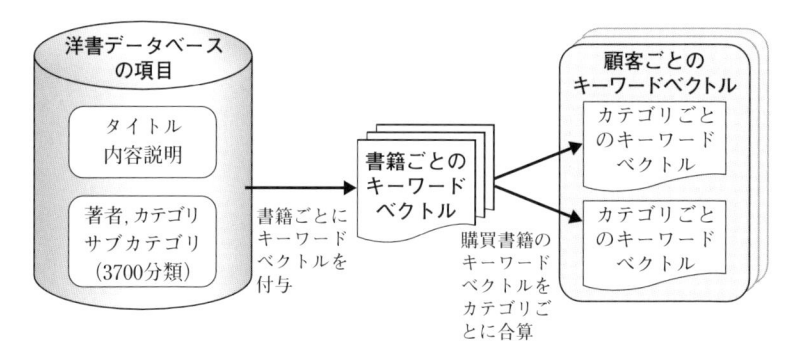

図 3.8　顧客興味キーワードベクトルの作成ステップ

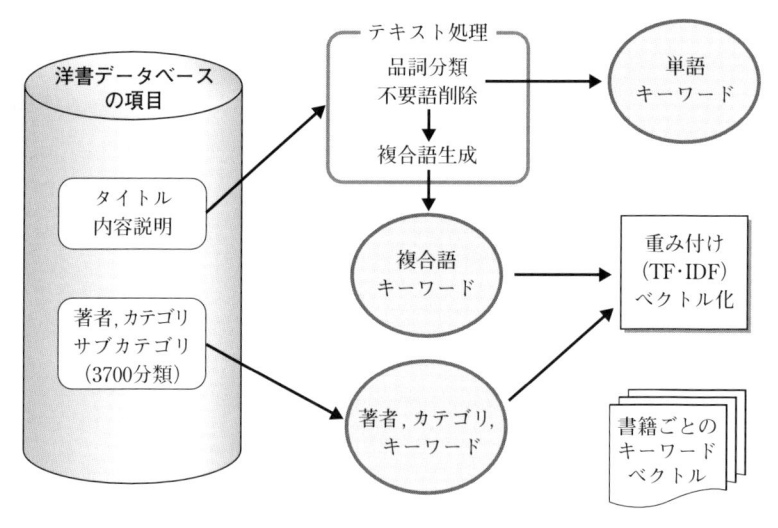

図 3.9　書籍ごとのキーワードベクトル作成手順

を複合語キーワードとして利用する．

著者，書籍カテゴリ，サブカテゴリについては，前述の単語キーワードや複合語キーワードと同様に重み付けを行い，キーワードベクトルに加える．重み付けの方法は，語句の出現頻度 TF（Term Frequency）と逆文献頻度 IDF（Inverse Document Frequency）を用いた $TFIDF$　[11]といった重み付けの方法を用いる．書籍 d_i における単語・複合語・著者・サブカテゴリのキーワード t_j の出現

3.6 推薦システムの適用例：意外性の高い情報を提供する TwinFinder

頻度である f_{ij} と，全書籍数 N の中でキーワード tj が出現する書籍数である n_j とする．また，キーワードの種別ごとに設定した重みを k とする．今回は，キーワード種別ごとの重みを，サブカテゴリについては経験的に $k=2$ とし，それ以外については $k=1$ とした．

TF_{ij} に関しては，同一のキーワードが過剰に出現した場合の影響を緩和するために，f_{ij} をそのまま用いるのではなく，対数を用いて次のように定義した．

$$TF_{ij} = \log_2(f_{ij} \cdot k + 1) \tag{3.1}$$

IDF_j は，次のように定義した．

$$IDF_j = \log_2(N/n_j) \tag{3.2}$$

書籍 d_i におけるキーワード t_j の重み w_{ij} は，(3.1) および (3.2) を用いて次式となる．

$$w_{ij} = TF_{ij} \times IDF_j = \log_2(f_{ij} \cdot k + 1) \cdot \log_2(N/n_j) \tag{3.3}$$

最終的な書籍ごとのキーワードベクトルは，キーワード t_j の重み w_{ij} の降順に上位 12 個のキーワードを各書籍に付与する．

図 3.8 に示すように，顧客カテゴリごとのキーワードベクトルは，購買書籍のキーワードベクトルの和となる．顧客 U_k におけるカテゴリ C_l についてのキーワード t_j の重み w'_{jkl} は，次のように定義する．

$$w'_{jkl} = \sum_i (w_{ij} \cdot b_{ik} \cdot s_{il}) \tag{3.4}$$

ただし b_{ik} は，顧客 U_k が書籍 d_i を購入していた場合に 1，それ以外は 0 とし，s_{il} は，書籍 d_i がカテゴリ C_l に属している場合に 1，それ以外は 0 とする．

- **書籍の推薦度の計算**

顧客に推薦する書籍の選択は，顧客プロファイルのキーワードベクトルと，書籍の特徴を表すキーワードベクトルの類似度を計算することによって行う．類似度の計算方法は，キーワードベクトル間のなす角のコサインを用いる．

顧客 U_k におけるカテゴリ C_l に対する書籍 d_i の推薦度 r_{ikl} は，顧客 U_k のカテゴリ C_l におけるキーワード t_j の重みを w'_{jkl}，書籍 d_i におけるキーワード t_j の重み w_{ij} として，次式となる．

$$r_{ikl} = \frac{\sum w_{ij} w'_{jkl}}{\sqrt{\sum w_{ij}^2}\sqrt{\sum w'^2_{jkl}}} \quad (0 \leqq r_{ikl} \leqq 1) \tag{3.5}$$

3.6.4 順マッチング型リコメンデーション

順マッチング型リコメンデーションは，図 3.10 のように，顧客の購買書籍カテゴリごとに作成したキーワードベクトルを用いて，同一の書籍カテゴリに含まれる書籍の書籍特徴との比較を行う方法である．順マッチング型リコメンデーションでは，まったく興味のないカテゴリの書籍が，いくつかのキーワードが一致したというだけでリコメンドされてしまうことを防ぐことができる．

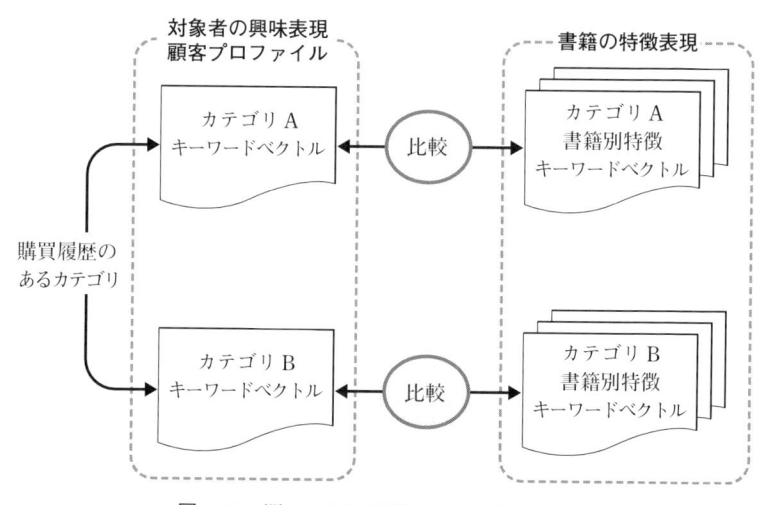

図 3.10 順マッチング型リコメンデーション

3.6.5 交差マッチング型リコメンデーション

　交差マッチング型リコメンデーションは，図3.11のように購買書籍カテゴリごとに作成したキーワードベクトルを用いて，他の購買書籍カテゴリに含まれる書籍の書籍特徴との比較を行う方法である．ただし，比較の対象となる書籍カテゴリは，過去に購入実績があり，顧客が興味をもっている書籍カテゴリに限定する．キーワードベクトルと書籍特徴の書籍カテゴリの関係を交差させることにより，意外性の高いリコメンド情報が生成されることを期待する方法である．

　この方法は，我々が書店で思いもかけない書籍と出会った実体験をヒントにしている．それは，前に述べた書籍購買行動モデルの書籍探索フェーズのように，目的の書棚から必要なキーワードをもつ書籍を探す行動を行っている際に，普段から興味をもっているがまったく別の分野のキーワードを含む書籍を偶然見つけるようなケースである．交差マッチング型リコメンデーションは，意図的にこのような効果を狙う手法である．

　わかりやすい例としては，Science Fictionのカテゴリから Star Trekに関する書籍と，Cooking カテゴリからいくつかの書籍を購入している顧客に対するリコメンデーションとして，交差マッチング型リコメンデーションでは，Cooking カ

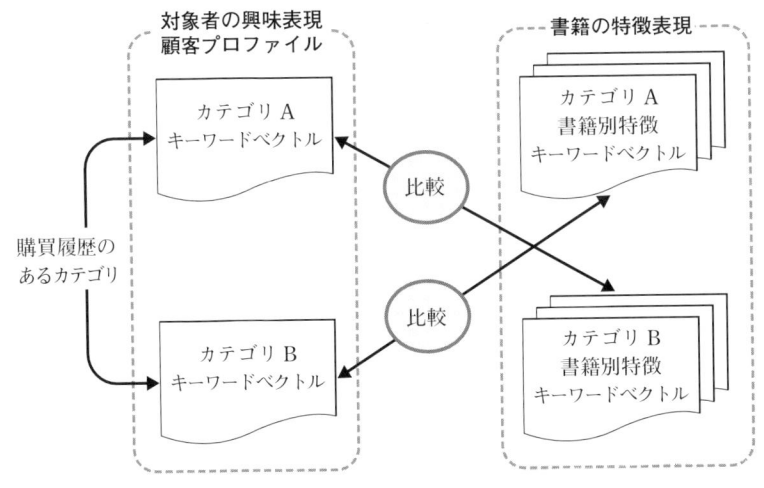

図 3.11　交差マッチング型リコメンデーション

テゴリの書籍をキーワード "Star Trek" を用いて検索し，"Star Trek Cookbook" といった書籍を紹介するといった具合である．

3.7 まとめ

本章では，情報推薦システムの由来と e コマースにおける重要性について論じ，その基本的な考え方と技術的な実現方法を紹介した．また，具体的なシステムの例として，我々が開発に携わった TwinFinder の研究例を紹介した．TwinFinder は現在，実用化にむけて開発中の段階であり，実際のインターネット書店（SkySoft 社：http://www.skysoft.co.jp）において運用を予定している．

情報推薦システムに関する話題は，最近，Web 上のアプリケーションやデータマイニング，テキストマイニングの分野で非常にホットなテーマとなっており，実用上も理論上も多くの課題が残されている．その中でも特に以下の三つが大きな問題であると著者は考えている．

(1) 推薦情報の効果の評価問題

推薦情報の精度を評価することは難しい．推薦された商品が消費者の（隠れた）ニーズに本当に適合していたとしたら，購買行動における「意外な発見」や「思わぬ買い物」はなくて，意味をなさないことになる．多少，消費者のニーズとはずれても「良い」推薦情報は可能なのである．この意味で，従来，情報検索やデータマイニングの研究で用いられてきた正確性や再現性の尺度，また，第 1 種，第 2 種の誤りといった概念は不十分である．生成した推薦情報をどのように評価するかという問題自体，理論的にも実践的にも大きな問題を含んでいる．

(2) 消費者と商品種類の規模と生成する推薦情報のトレードオフ問題

もし，消費者が対象商品について画一的な性格をもっていたら，また，対象商品の種類が一つしか存在しなかったら，推薦情報は意味をもたない．消費者の数も商品の種類も数が多いからこそ，自動的な推薦情報生成の仕組みが有用になるのである．しかし，この数があまりに多いと，データマイニングにおける計算量の壁に直面する．どの程度の規模の問題にどのようなアルゴリズムで対応するか

という明確な指針は，今のところ存在しない．これが既存のツールを導入する場合の難しさにも通じている．

(3) 実用システムの開発の問題

情報推薦システムの実用例は，eコマースの普及にもかかわらず意外に少ない．これは，Web上の商品売買の行為の中に占める情報推薦のタスクの割合が狭いことを意味する．たとえば，消費者がWebを操作している間に作られる推薦情報には，待ち時間がごく短いものが要求される．メールマガジンに含まれる推薦情報は，反対に消費者の要求を満足させるだけの充実度が要求される．これらの相反する要求を考慮した上で，バランスのとれたシステムを実現することが実用上重要である．

読者の皆さんが情報推薦システムに興味をもたれ，研究開発に参加されることを期待する．

参考文献

[1] P. Resnick, H. R. Varian Eds., "Recommender Systems", *Commnications of the ACM*, Vol. 40, No.3, pp. 66-72, 1997

[2] 廣岡康雄, 寺野隆雄, 大塚雄吉「意外性の高い情報を提供するリコメンダーシステム」人工知能学会知識ベース研究会(第47回)資料, SIG-KBS-9904-11, (3/28), pp. 61-66, 2000

[3] B. Sarwar, G. Karypis, J. Konstan, and J. Riedl "Analysis of Recommendation Algorithms for E-Commerce", *Proceedings of ACM on E-Commerce (EC-00)*, 2000.

[4] D. Goldberg, D. Nichols, B. M. Oki, and D. Terry, "Using Collaborative Filtering to Weave an Information Tapestry" *Commnications of the ACM*, Vol. 35, No.12, pp. 61-70, 1997

[5] P. Resnick, N. Iacovou, M. Suchak, et al., "GroupLends: An Open Architecture for Collaborative Filtering of Netnews", *Proceedings of the Conference on Conputer Supported Cooperative Work*, pp. 175-186, 1994

[6] NetPerceptions Inc., "Recommendation Engine White Paper", http://www.netperceptions.com/literature/content/recommendation.pdf, 2000

[7] U. Shardanand, and P. Maes, "Social Information Filtering: Algorithm for automating 'Word of Mouth'" *Proceedings of the CHI-95*, 1995

[8] M. Balabanovic, and Y. Shoham, "Content-Based, Collaborative Recommendation", *Commnications of the ACM*, Vol. 40, No.3, pp. 66-72, 1997

[9] Y. Hirooka, T. Terano, Y. Otsuka, "Extending Content-Based Recommendation by Order-Matching and Cross-Matching Methods", In Bauknecht, K., Madria, S. K., Pernul, G. eds.,*Electronic Commerce and Web Technologies, 1 st Int. Conf., EC-Web 2000*, Springer Lecture Notes in Computer Science LNCS-1875, pp. 177-190, 2000

[10] E. Brill, "Rule Based Tagger", http://www.cs.jhu.edu/ brill/home.html, 2000

[11] G. Salton and C. Buckley, Term-weighting approaches in automatic text retrieval", *Information Processing and Management*, Vol.14, No.5, pp. 513-523, 1988.

第4章
ビジネスアイデアの情報化技術

山口　高平

4.1　エンタープライズマーケット

　今日，全世界で約1.6億人，日本だけでも約2千万人のユーザがインターネットを利用し，様々な市場がインターネット上に構築される時代を迎えた．例えば，B2C（Business to Customer：企業−消費者間）ではネットワーク上の通販が急激に拡大し，B2B（Business to Business：企業−企業間）では，GMやGEに代表されるように世界中の部品メーカから部品を調達する仕組みを構築して，調達コストの低減化がはかられている．

　このようにして，eコマースは世界中で沸騰している感があるが，IT（情報技術）に基づくe化の波は，流通だけにとどまらず，顧客管理・会計・マネジメント・物流・マーケティング・ファイナンス・契約などの企業活動全体，さらには企業を取り巻く社会環境にまで影響を及ぼしつつある．

　IT革命には，「コンピュータの技術革新」と「トラフィック（ネットワークに流れる情報量）の技術革新」の二つの要素が含まれるが，現在は後者のトラフィック技術革新が企業や産業構造の変革を押し進めている．すなわち，テラビット級の広帯域幅に近づきつつあるネットワークのバックボーン（幹線）が実用化され，

従来,対面でなければ伝達できなかった微妙な大量情報（例えば,製品に関する色合いとか奥行き等の詳細情報など）を一瞬にして企業間で共有できる仕組みが構築されようとしている．

そうなれば,系列に代表されるような,対面による連絡が頻繁にとれることによって迅速かつ柔軟に対応が可能となっていた組織構造の優位さが崩壊していく．すなわち,能力（経営では職能という用語を使うことがある）よりも関係を重視する組織構造から,関係よりも能力を重視する組織構造へ必然的に推移していく．このようにして,従来の企業間の関係（結びつき）が一端解かれ,職能により企業間の新しい関係を構築していくことが起こりはじめたのである．

さらに,トラフィック技術革新によって利用者の受信情報量が飛躍的に増加し,経済学で説かれる「情報の非対称性（供給者の方が消費者より多くの情報をもっている）」が崩れ,顧客の力が企業の力より大きくなっていく．今後,この傾向はさらに進み,顧客が入力したニーズに対応する製品やサービスがない場合は,様々な職能を動的に再構成することによってそのニーズに対応した新しい製品やサービスを供給する仮想的企業を創出するようなマーケットが登場することが予想される（図4.1参照）．例えば,顧客がデザインを発案し,その注文に従って企業が生産する形態がアパレル業界ですでに誕生しつつあるが,この現象は,企業がデザイン工程を顧客にゆだね,顧客が企業の資材調達・生産・払出といった活動を駆動している例とみなすことができる．

このエンタープライズマーケットでは,顧客のニーズが変化すれば古い仮想的企業は仮想的に清算され,新しい仮想的企業が仮想的に設立されることが短期間に繰り返され,企業組織の設立・清算のダイナミクスが飛躍的に大きくなる．また,エンタープライズマーケットの参加企業においては,職能・活動を記述・管理できることが前提条件となり,顧客を代表とする外部環境に俊敏に素早く反応できる情報基盤体制が求められてくるといえる（最近,経営の分野では,早く賢くという意味でアジルやアジリティという用語が,キーワードとしてよく使用されている）．

以上のように,近未来的には上述のようなエンタープライズマーケットが出現

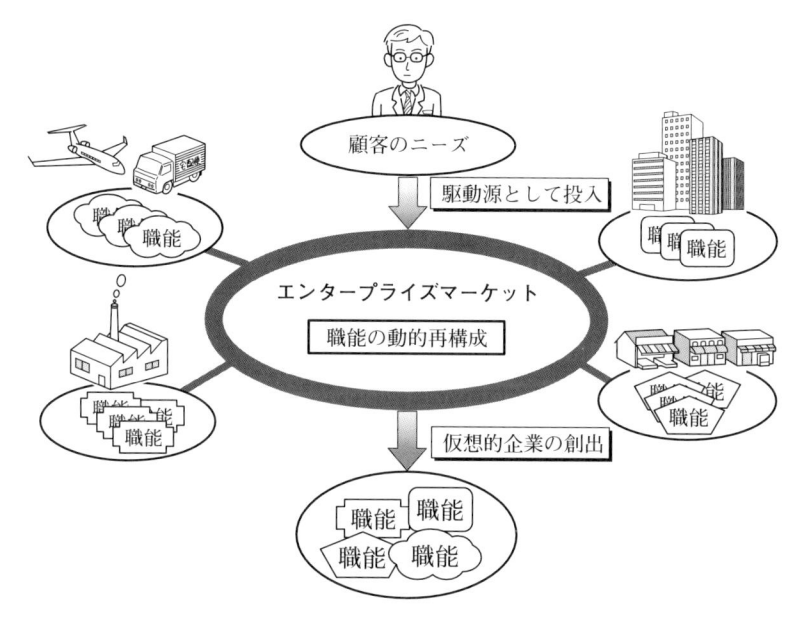

図 4.1 エンタープライズマーケットの概観

することが予想される．そのような時代が到来すれば，今以上に，企業がもつビジネスアイデアを俊敏にモデル化・実装化していく情報技術が必要とされる．本章では，そのような中核的情報技術として，エンタープライズオントロジ，ビジネスタスクオントロジ，ビジネスプロセスプリミティブなどを紹介するとともに，関連する話題としてビジネスモデル特許についても言及する．

4.2 エンタープライズオントロジ

1980 年代，専門家のように知的に振る舞うエキスパートシステム（ES）が様々な産業分野で開発されたが，知識ベースの開発・維持に大きなコストを必要とすることが次第に明らかになるにつれ，1990 年代に入ると ES は次第に開発されなくなった．

知識工学の研究分野ではこの問題に対処するために，知識ベースを開発する前

に所与の問題領域に含まれる重要な概念を切り出し，その切り出された概念群に仕様を与えるプロセスである「概念化」を明示的にする重要性が説かれ始めた．

この概念化の明示的仕様をオントロジと呼び，1990年にはオントロジの基礎理論，表現言語，構築方法論，構築支援ツール，具体的な問題領域におけるオントロジの開発など，様々なオントロジの研究開発が進んできている（オントロジは，元来，存在論を意味する哲学用語であるため，IT用語としてのオントロジという用語を乱用することを嫌う人もいるが，ITの分野でのこの用語の使用頻度は高くなる一方なので，本章ではこのままオントロジという用語を使用する）．

また，1990年代後半からは，オントロジは知識工学にとどまらず，自然言語理解，エージェント，データベース，ネットワーク等の研究分野でも議論されるようになった．特に最近は，エージェントなどのソフトウェアが様々な意味を理解することを目的とした次世代Webとして期待を集めているSemanticWebにおけるオントロジの役割が大きくなりつつある．

以下，企業の活動要素を仕様化するオントロジ関連技術として，エジンバラ大学のエンタープライズオントロジを紹介する．

4.2.1 エンタープライズオントロジの概要

本節で紹介するエンタープライズオントロジは，ビジネス活動に関係する諸概念の体系化を行ったものであり，形式性と再利用性が高いことで知られている．エジンバラ大学では，エンタープライズをモデリングするための方法論とツール群を開発するためのプロジェクトが進められている．エンタープライズオントロジの開発はそのプロジェクトの一環として実行され，人と人，あるいは人とシステム，さらにはシステムとシステム間のコミュニケーションをはかるためのメディア構築に対して大きな役割を担うとされている．また，企業活動に関わる様々な知識の獲得からの表現，操作，構造化，組織化などといった活動を支援する役割も担うとされている．

4.2.2 エンタープライズオントロジの構築手順

エンタープライズオントロジは，基本的には，ビジネス活動に関わる様々な概念の体系であるが，エジンバラ大学では，下記の手順により開発が進められた．

ステップ1：Scope（オントロジの記述範囲を明らかにする）

ブレーンストーミングにより重要なビジネス概念（単語と語句）群を構造化されない形で洗い出した後，意味が似ている（あるいは，参照関係にある）概念群をワークエリア（work area）と呼ばれるグループにまとめあげていく作業を通してビジネス概念群が取捨選択され，エンタープライズオントロジの記述範囲が明らかになっていった．結果的に，Activity, Organization, Strategy, Marketing, Time といった五つのワークエリアが整理され，エンタープライズオントロジの主要構造となった．また，概念の意味は，広く一般的に受け入れられている意味というよりは，企業活動に関連する特別な意味になることが多かった．

ステップ2：Choosing Terms（語句の選定）

エンタープライズオントロジで使用する語句は，通常の意味とはかなり異なることがあっても気にかけずに，企業活動においてよく使われ，かつ曖昧さが除去されるものを重視して，決定された．

ステップ3：Definitions（概念を定義する）

各ワークエリアにおいて，少数の基本的概念を選出して定義を与えた後，その基本的概念を利用して他の概念を定義した．概念定義に使われるプリミティブ（Entity, Relationship, State of Affairs, Role など）は Meat-Ontology と呼ばれるが，プリミティブ数を少なくすることによって，形式性が高められた．

4.2.3 エンタープライズオントロジの構成概念

以下，ワークエリアごとに整理された主要な概念の意味を示す．また，表4.1に，上記の主要概念を含むエンタープライズオントロジに含まれるすべての概念のリストを示す．さらに，エンタープライズオントロジの概念階層を図4.2に示す．

94　4　ビジネスアイデアの情報化技術

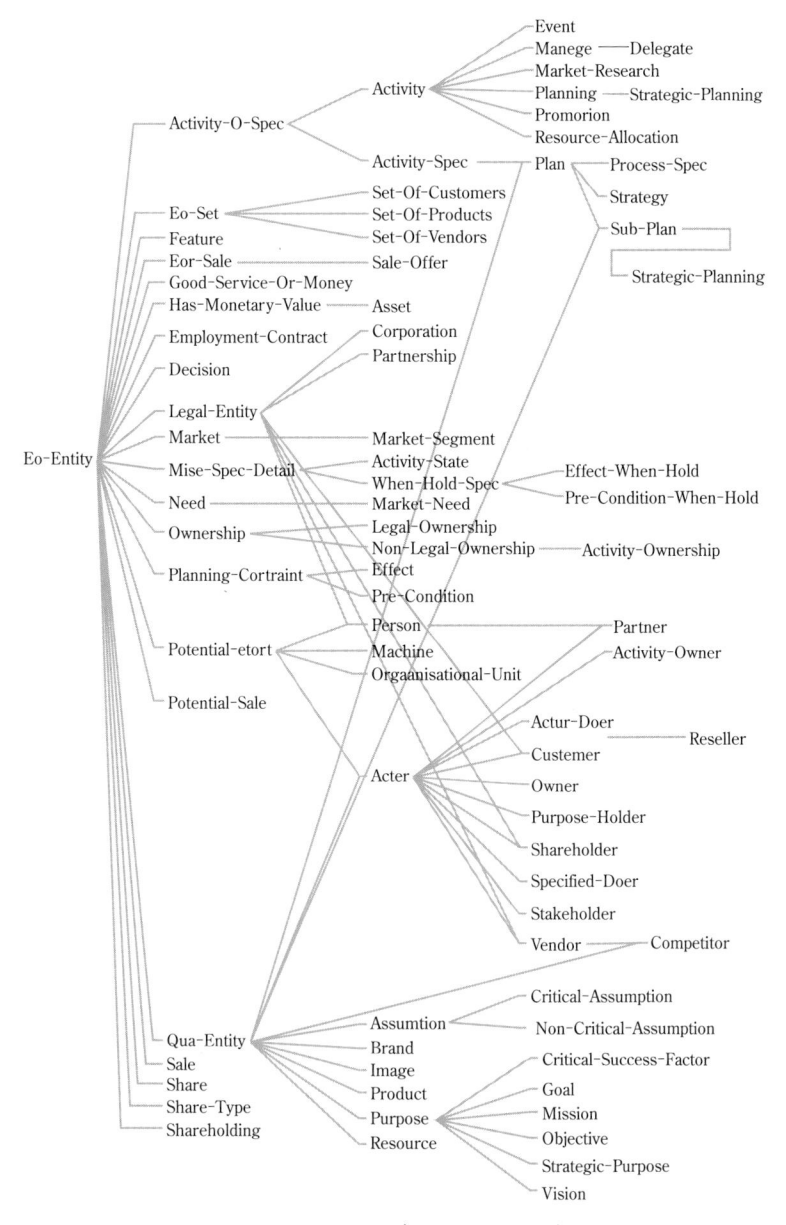

```
                                              ┌─Event
                                              ├─Manege ──── Delegate
                                              ├─Market-Research
                              ┌─Activity ─────┼─Planning ─── Strategic-Planning
            ┌─Activity-O-Spec─┤               ├─Promorion
            │                 │               └─Resource-Allocation
            │                 └─Activity-Spec ─── Plan ─┬─Process-Spec
            │           ┌─Set-Of-Customers             ├─Strategy
            ├─Eo-Set ───┼─Set-Of-Products              ├─Sub-Plan ───┐
            │           └─Set-Of-Vendors               │             │
            ├─Feature                                  └─Strategic-Planning
            ├─Eor-Sale ─── Sale-Offer
            ├─Good-Service-Or-Money
            ├─Has-Monetary-Value ─── Asset
            │                        ┌─Corporation
            ├─Employment-Contract ───┤
            │                        └─Partnership
            ├─Decision
            ├─Legal-Entity
            ├─Market ───────── Market-Segment
            │                  ┌─Activity-State
            ├─Mise-Spec-Detail─┤                      ┌─Effect-When-Hold
            │                  └─When-Hold-Spec ──────┤
            ├─Need ──────────── Market-Need           └─Pre-Condition-When-Hold
            │              ┌─Legal-Ownership
Eo-Entity ──┼─Ownership ───┼─Non-Legal-Ownership ─── Activity-Ownership
            │              ├─Effect
            ├─Planning-Cortraint ──┤
            │              └─Pre-Condition
            │                  ┌─Person                    ┌─Partner
            ├─Potential-etort ─┼─Machine                   ├─Activity-Owner
            │                  └─Orgaanisational-Unit
            │                             ┌─Actur-Doer ─── Reseller
            ├─Potential-Sale              ├─Custemer
            │                             ├─Owner
            │                   ┌─Acter ──┼─Purpose-Holder
            │                             ├─Shareholder
            │                             ├─Specified-Doer
            │                             ├─Stakeholder
            │                             └─Vendor ─── Competitor
            │                                   ┌─Critical-Assumption
            │              ┌─Assumtion ─────────┤
            │              │                    └─Non-Critical-Assumption
            ├─Qua-Entity ──┼─Brand               ┌─Critical-Success-Factor
            ├─Sale         ├─Image               │
            ├─Share        ├─Product ────────────┤
            ├─Share-Type   │                     ├─Goal
            └─Shareholding ├─Purpose ────────────┼─Mission
                           │                     ├─Objective
                           └─Resource            ├─Strategic-Purpose
                                                 └─Vision
```

図 4.2　エンタープライズオントロジの概念階層

(1) Activity etc.

Activity	あらゆる行為
Doer	行為者 (Person, Organizational Unit, または, Machine)
Capability	Doer になるためのスキルや性能
Resource	Activity で使用される資源
Effects	Activity の結果生じるもの
Plan	Activity の実行計画 (より詳細な Activity)
Purpose	Activity は Strategy の概念 Purpose と関連付けられる
Process Specification	Plan の仕様
Authority	Doer を認める権利 (Activit のコントロールにつながる)

(2) Organization

Legal Entity	法的権利と責任をもつ実体 (Person Corporation)
Organizatonal Unit (OU)	組織内で単に認められた実体
Machine	人でも Legal Entity でもないもの
Ownership	法的観点からの権利と責任の所有権
Management Link	組織における管理構造
Manage	OU に対して Purpose を割り当てる
Organization Structure	OU 間の Management Link のパターン

(3) Strategy

Purpose	Plan の実行によって達成されるものか OU が責任をとれるもの (Vision, Mission, Goal, Objective 等に分かれる)
Strategy	ハイレベルの Purpose を達成するための Plan
Strategic Planning	Decision, Assumption, Risk などのファクターを使って表現される

(4) Marketing

Sale	Vendor と Customer 間で Product をある価格 (Sale Price) で交換するための合意事項 (なお, 既に合意された Sale と予想される将来の Potential Sale に分かれる)
Market	すべての Sale と Product Sale
Market Segment	Product, Vendor, Customer, Sale Price などの Sale に関連した属性 (Segmentation Variable と呼ぶ) によって Market を分割したもの

Market Research	Market Research によって，Product の Feature, Customer の Needs, Brand, Product, Vendor の Image を分析する
Promotion	Purpose と Image を関連付ける Activity

(5) Time

Time Line	時間軸上の線区分であり，Duration や Time Interval や Calendar Date などに分かれる
Time Point	時間軸上の点
Before/After	Time Point 間の関係
Disjoint/During/Overlaps	Time Interval 間の関係

4.3 ビジネスタスクオントロジ

　前節のエンタープライズオントロジは，形式性は高かったが概念の具象性が低く，ビジネスアイディアをモデル化するほど粒度は詳細ではなかった．一方，MIT で進められている e ビジネスプロセスハンドブック（ePH）プロジェクトでは，ビジネスプロセスの定義の形式性は低いが，2,700 個程度のビジネスタスクが定義され，多くの具体的概念が充実している．本節では ePH を基礎にして，抽象度の高いビジネス想起の段階においてエンタープライズモデルを明示化し，構築支援するためのビジネスタスクオントロジについて述べる．

4.3.1 ビジネスモデルケースライブラリ

　ビジネスアプリケーション開発を前提とするビジネスアイディアの想起段階では，ビジネス定義のための詳細な概念が用いられることはあまりなく，過去に利用したビジネスモデルや流通しているベストプラクティス（過去の成功事例）から新しいアイディアを想起することが多い．表 4.2 と表 4.3 に，MIT より提供されているビジネスモデルの過去の事例一覧を示す．これらのビジネスモデルケースには，各ビジネスを構成するビジネスタスクの HAS-A（全体－部分）関係と，個々のタスクに関する説明書きが記されている．例えば，オンライン書籍販売で有名

4.3 ビジネスタスクオントロジ **97**

表 4.1 エンタープライズオントロジに含まれる諸概念

ACTIVITY etc	Activity, T-Begin, T-End, Pre-Condition, Effect, Doer, Sub-Activity, Authority, Activity Owner, Event, Plan, Activity Decomposition, Execute, Sub-Plan, Planning, Process Specification, Capability, Skill, Resource, Resource Allocation, Resource Substitute,
ORGANIZATION	Person, Machine, Corporation, Partnership, Partner, Legal Entity, Organizational Unit, Manage, Delegate, Management Link, Organizational Structure, (Non-) Legal Ownership, Ownership, Owner, Asset, Stakeholder Contract of Employment, Share, Shareholder
STRATEGY	Purpose, Hold-Purpose, Purpose-Holder, Objective, Vision, Mission, Goal, Achieve, Help Achieve, Strategy, Strategic Planning, Strategic Action, Decision, Assumption, (Non-) Critical Assumption, Influence Factor, (Non-) Critical Influence Factor, Critical Success Factor, Risk
MARKETING	Sale, Potential Sale, For Sale, Vender, Actual Customer, Potential Customer, Customer, Reseller, Product, Asking Price, Sale Price, Market, Segmentation Variable, Market Segment, Market Research, Brand, Image, Feature, Need, Market Need, Promotion, Competitor
TIME	Time Line, Time Point, Calendar Date, Relative Time Point, Duration, Duration Bounds, Time Interval, Before, Same or Before, After, Same or After, Distance, Earliest Start Time, Latest Start Time, Earliest End Time, Latest End Time, Interval Before, Interval During, Interval Overlaps, Interval Disjoint

な Amazon.com 社のビジネスモデルに含まれるビジネスタスクの HAS-A 関係を記述してみると，図 4.3 のようになる．これは，Amazon.com 社が行うビジネスタスクが大きく "Buy"，"Sell"，"Manage" から成り，それぞれのビジネスタスクがさらに HAS-A 関係で "Receive"，"Attract audience to web site"，"Manage resources {by type of resource}" 等のビジネスタスクをもっていることを表している．

これらのビジネスモデルのケーススタディから, 顧客 (customer) やサプライヤ (supplier) などのアクタ (行為者) を抽出し, それらのインタラクションのタイプから, Distributor (16), Broker (21), Creator (14), Extractor (14), Service

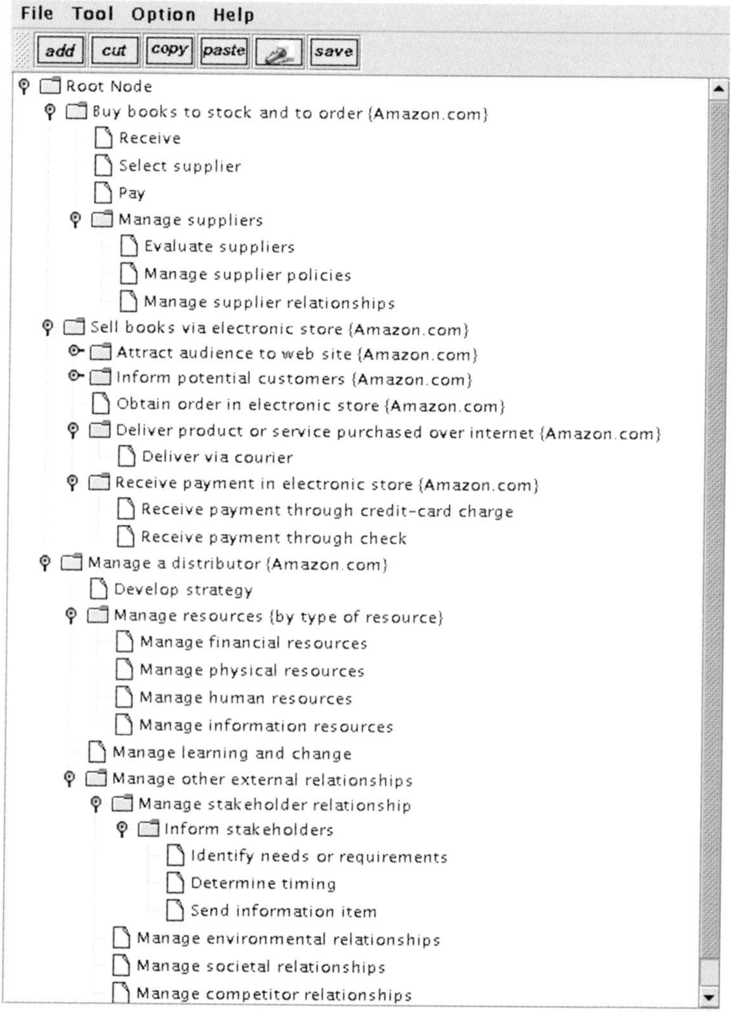

```
File  Tool  Option  Help
[add] [cut] [copy] [paste] [ ] [save]
 ○ ☐ Root Node
   ○ ☐ Buy books to stock and to order {Amazon.com}
       ☐ Receive
       ☐ Select supplier
       ☐ Pay
     ○ ☐ Manage suppliers
         ☐ Evaluate suppliers
         ☐ Manage supplier policies
         ☐ Manage supplier relationships
   ○ ☐ Sell books via electronic store {Amazon.com}
     ○ ☐ Attract audience to web site {Amazon.com}
     ○ ☐ Inform potential customers {Amazon.com}
       ☐ Obtain order in electronic store {Amazon.com}
     ○ ☐ Deliver product or service purchased over internet {Amazon.com}
         ☐ Deliver via courier
     ○ ☐ Receive payment in electronic store {Amazon.com}
         ☐ Receive payment through credit-card charge
         ☐ Receive payment through check
   ○ ☐ Manage a distributor {Amazon.com}
       ☐ Develop strategy
     ○ ☐ Manage resources (by type of resource)
         ☐ Manage financial resources
         ☐ Manage physical resources
         ☐ Manage human resources
         ☐ Manage information resources
       ☐ Manage learning and change
     ○ ☐ Manage other external relationships
       ○ ☐ Manage stakeholder relationship
         ○ ☐ Inform stakeholders
             ☐ Identify needs or requirements
             ☐ Determine timing
             ☐ Send information item
       ☐ Manage environmental relationships
       ☐ Manage societal relationships
       ☐ Manage competitor relationships
```

図 4.3 Amazon.com ビジネスタスクの HAS-A 関係

4.3 ビジネスタスクオントロジ　**99**

表 4.2　ケーススタディ一覧 (1)

ビジネス名	ビジネスモデル名
Adobe Systems	Create software to stock
Amazon	Distribute books via electronic store
American Airlines	Distribute travel services via electronic store
Ameritrade	Broker financial services via the web
Ariba	Broker standard products electronically
art.com	Create framed art prints to order
Barbie.com	Create dolls to order
Barnes and Noble	Distribute books via e-store and physical
Beyond.com	Distribute software via electronic store
bid4vacations	Broker vacation packages via electronic auction
Body Health resources	Disseminate health information via internet
Boise Cascade	Create paper products to stock
boo.com	Distribute fashion clothing via electronic store
Buy.com	Extract web audience using a digital mall
Charles Schwab	Broker financial services via the web
Chemdex	Broker chemicals via the web
Cisco	Create networking equipment to order
Cnet	Extract web audience as a digital publisher
CNN	Extract web audience as a digital publisher
Coldwater creek	Distribute via electronic store
CommerceOne	Broker business to business
Compaq	Create computers to stock
Corio	Broker software
Dell	Create computers to order
Directhit	Extract web audience using a portal
Drugstore.com	Distribute health beauty items via e-store
e*trade	Broker financial services via the web
e-centives	Extract web audience using incentive site
E-Loan	Broker mortgage via electronic marketplace
e-Steel	Broker commodities via on-line trading
eBay	Broker standard products via electronic auction
Echelon	Create networking equipment to stock
epinions	Extract web audience using incentives/community
Federal Express	Provide transportation service
Flooz	Broker shopping services via the web

表4.3 ケーススタディ一覧 (2)

ビジネス名	エンタープライズモデル名
Fortunecity	Extract web audience using a digital community
google	Extract web audience using searchEngine
Grainger	Distribute MRO supplies via electronic store
HAHT software	Create software to order
Healtheon/WebMD	Broker health services business to business
Homeruns	Distribute grocery items via electronic store
Inktomi	Create software to order
iPix	Create internet imaging to order
IWon	Extract web audience using incentive portal
Korea thrunet	Provide Internet Service
Letsbuyit	Broker standard products aggregating demand
Lycos	Extract web audience using a portal
Match.com	Match couples using profiles
Mercata	Broker standard products aggregating demand
Mobshop (Formerly Accompany)	Broker standard products via reverse auction
MP3.com	Distribute prerecorded music via electronic store
Mypoints	Extract web audience using incentive site
mySimon	Broker comparison shopping services
National Transp. Exch.	Broker transportation via the web
Net Family News	Extract news
Net2phone	Provide internet telephony service
Nike	Create shoes to stock
Onsale	Distribute consumer electronics via auction
Priceline	Distribute travel services via electronic auction
Q-Pass	Pay using online credit card service
RCI	Broker vacation timeshare properties
Shutterfly	Create photos to order
Stamps.com	Distribute postage via electronic store
Staples	Distribute office products - elec./phys.store
Sycamore	Create networking equipment to order
Travelocity	Broker travel services via the web
virtual360 systems	Broker houses via the web
Wit Capital	Distribute IPOs via electronic lottery
WSJ Interactive	Extract web audience as a digital publisher
Yahoo	Extract web audience using a portal

4.3 ビジネスタスクオントロジ

Provider (3) の五つのタイプが分類された（カッコ内は各タイプに分類されるプラクティス数）．

また，これらのインタラクションタイプを図示したものを図 4.4 に示す．各インタラクションタイプには，登場する顧客や企業などのアクタと，product（商品），raw material（原材料），information（情報），money（金銭）といった，アクタ間でやりとりされる代表的なビジネスオブジェクトを記述する．以下，図 4.4 にそってインタラクションタイプの各分類について説明する．

・**Distributor**：配給業

Distributor は，一旦商品を買い取り，再び販売するタイプのモデルである．ここでは，配送サービスやパッケージングサービスといった顧客への付加的なサービスを行う．図 4.4 の中で，Distributor は supplier から商品を受け取り，customer に販売する．後述の Broker とは異なり，商品の販売が生じた時点で利益を得る．これは卸売業や小売業に見られる．

・**Creator**：創造業

Creator は，原材料や部品を供給者から購入し，加工または組み立てを行って買い手に売るための商品を作るものである．図 4.4 の中で，Creator は複数の supplier から raw material を買い取って加工し，product として customer に販売する．このタイプは，製造業や建設業にあてはまる．

・**Broker**：仲介業

Broker は，売り手と買い手の仲介を行い，それぞれに対してアドバイスを行うことにより，両者がやりとりを円滑に行うことを支援するものである．Distributor とは異なり，商品の販売に伴う利益を得ることはない．このモデルは，不動産業者，証券会社，保険業者などに見られる．

また, Broker は買い手，売り手，またはその両方から料金を受け取る．料金は販売価格に対する割合に基づいて決まることが多い．料金が売り手により支払われる場合，"seller's broker" と呼び，買い手により支払われる場合，"buyer's broker" と呼ぶ．図 4.4 の中で，"customer's broker" は customer から moncy を受け取り，"supplier's broker" は supplier から money を受け取っているが，customer,

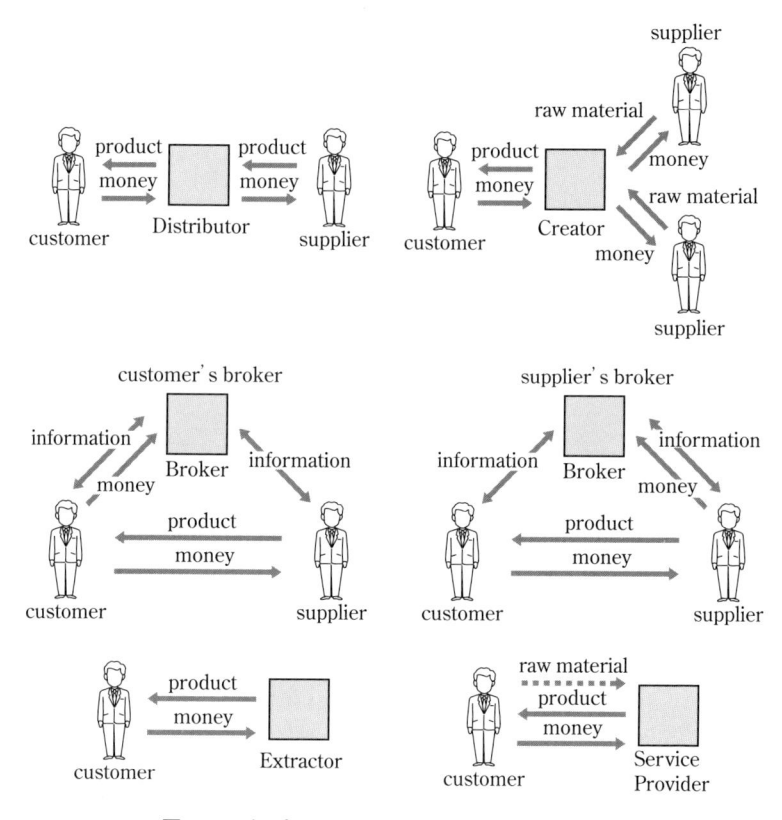

図4.4 ビジネスモデルのインタラクションタイプ

supplier双方にinformationを提供している点は共通している．Brokerからのinformationの提供によりcustomerとsupplierとの間で取引が行われ，supplierからcustomerにproductが渡され，customerからsupplierにはその対価が支払われる．

・**Extractor**：収集業

Extractorは，自然やその他の場所から収集または収穫された資源を販売するものである．このモデルは，伝統的な漁業や採掘業といったビジネスに見られるものである．また，テレビやWebコンテンツ配信業といったような業種に見られることもある．ここでは，掲載する広告へ人々の関心を引き寄せるために，特

定の商品（テレビ番組，ウェブコンテンツ等）を無料で提供している．この場合，無料で配信されている商品は，伝統的な漁業や採掘業などのビジネスにおける網や採掘道具としてとらえることができる．つまり，これらの無料で提供されている商品の目的は，単に人々の目を引きつけることであり，人々が広告主によって販売されている商品に関心を寄せることが真の目的である．

ここで，Extractor の役割は Broker に似ているが，Broker と異なる点は，商品の販売が生じるか生じないかに関わらず，人々の関心を集めることに対して Extractor が報酬を受け取るという点である．

- **Service Provider**：サービス供給業

Service Provider は，顧客から材料を受け取り，成果物を返すものである．ここで，顧客から受け取るものが顧客本人である場合もある．図 4.4 の中では，customer が Service Provider に対して raw material をあらかじめ提出し（点線で示されているように，このやりとりが存在しないビジネスもある），商品を受け取って money を支払う．このタイプのビジネスとしては，配送業，電信，会社経営，教育，ヘルスケアなどが含まれる．

4.3.2 ビジネスタスクの分類

以下，4.3.1 で分類されたビジネスモデルを特徴づけているビジネスタスクを調査した．調査手順は下記のとおりである．

① 分類ごとに使用されているタスクの集計を行い，使用頻度を算出する．
② 使用頻度の高いタスクから，各分類のデフォルトとなるビジネスモデルを構築する．
③ デフォルトのビジネスモデルとの差分となるビジネスタスクを，各ビジネスモデルを特徴づけるビジネスタスクとする．
④ ③で整理されたビジネスタスクの分類をさらに進め，ビジネスタスク分類階層を構成する．

以上の作業により得られたビジネスタスク分類階層を図 4.5 に示す．ビジネスタスクは，"where"，"how"，"purpose" の大分類に分けられ，その下位に 18 の小

```
                                    ┌─ via electronic store
                    ┌─ via internet ─┤
         ┌[where]───┤                └─ via electronic marketplace
         │          └─ via electronic and physical store
         │
         │                         ┌─ using digital community
         │                         ├─ using digital mall
         │          ┌─ electronically ─┼─ via electronic lottery
         │          │                  ├─ via online trading
         │          │                  └─ using a portal ┐
         │          │                                    └─ using a incentive portal
BusinessModel ─[how]┼─ using online credit card service
         │          ├─ using profiles
         │          └─ via auction ─┬─ via electronic auction
         │                          └─ via reverrse auction
         │
         │          ┌─ to order
         └[purpose]─┤
                    └─ to stock
```

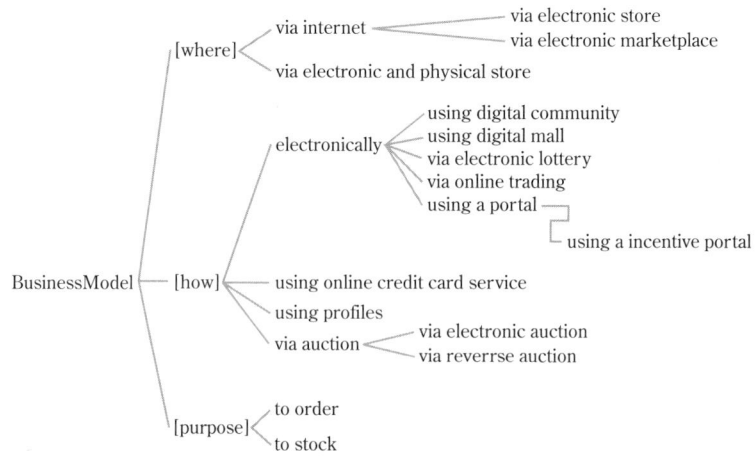

図 4.5　ビジネスタスクの分類階層

分類がさらに追加された．大分類の"where"は，"via electronic marketplace"など，そのビジネスタスクが行われる要因として場所が大きく関わる場合の分類である．また"how"は，"using online credit card service"など手段・方法が関わる分類であり，"purpose"は，"to stock"など目的が関わる分類である．

4.3.3　ビジネスタスクオントロジ

　ePH の階層構造では，八つの基本タスクを上位として数多くのビジネスタスクが定義されているが，分類属性が多様であるため，このままの形では専門家でなければ使いこなせない．また，ePH のケーススタディを分析すると，ケーススタディで用いられているタスクはePH 全体に関わるのではなく，一部に限定されていることがわかった．さらにePH では，抽象ビジネスタスクを上位とし，下位を具象的なビジネスタスクとする．この階層構造は，あらゆるビジネスタスクの体系を構築する目的には即しているが，この階層構造の意味的な理解は専門家でなければ難しい．

　以上の考察から，利用頻度に従ってビジネスタスクを階層化することが考えられる．つまり，上位タスクで構成されるビジネスモデルはすでに広く普及してい

```
File  Tool  Option  Help
[add] [cut] [copy] [paste] [🔧] [save]
  ♀ 🗂 BusinessTaskOntology
    ♀ 🗂 (Manage)
         🗋 Manage resources (by type of resource)*
      ♀ 🗂 Manage physical resources*
         ♀ 🗂 Manage physical resources in a business
              🗋 Manage capital assets (EFQM)
              🗋 Manage use of information resources
              🗋 Manage storage / retrieval resources
              🗋 Manage storage locations
      ♀ 🗂 Manage financial resources*
         ♀ 🗂 Manage financial resources in a business
              🗋 Manage financial resources in a business
           ♀ 🗂 Manage what financial resource
                🗋 Manage taxes and duties
                🗋 Manage virtual finances
      ♀ 🗂 Manage human resources*
         ♀ 🗂 Manage human resources in a business
            ♀ 🗂 Manage human resources in a large business
                 🗋 Develop and manage human resources (PCF
      ⊙ 🗂 Manage information resources*
           🗋 Manage learning and change*
      ⊙ 🗂 Manage suppliers*
      ⊙ 🗂 (Manage external relationships)
           🗋 Manage other external relationships*
    ♀ 🗂 Pay*
      ♀ 🗂 [Pay for what?]
         ♀ 🗂 Pay for inputs
            ♀ 🗂 Pay employee
                 🗋 Pay employee
      ♀ 🗂 [Pay by what medium?]
         ♀ 🗂 Send payment physically
              🗋 Pay by check
              🗋 Pay by cash
         ♀ 🗂 Send payment electronically
            ♀ 🗂 Pay using credit card
                 🗋 Pay using online credit card service (Q-Pas
              🗋 Deliver payment via EDI
```

図 4.6　ビジネスタスクオントロジ

るモデルと解釈され，下位タスクが多くなるほど特徴あるタスクをもつビジネスモデルが定義されたことになる．以下，利用頻度に基づくビジネスタスク階層の構築手順を示す．

① ePH の全ケーススタディからビジネスタスクを抽出する．
② ビジネスタスクごとに利用頻度を算出する．
③ 利用頻度に従って，ビジネスタスクを上位から下位に配置する．
④ さらにその下位に，ケーススタディでは用いられていないが ePH で登場するビジネスタスクを ePH 中の階層構造に従い配置する．

以上により構築されたビジネスタスク階層をビジネスタスクオントロジと呼び，その一部を図 4.6 に示す．ビジネスタスクオントロジは，ケーススタディで頻出する "Pay"，"Manage"，"Inform potential customers" といったケーススタディで用いられているビジネスタスクを優先して設定している．設定されたビジネスタスクの総数は約 500 個となっている．

こうしてビジネスタスクオントロジを利用すればビジネスアイデアをビジネスモデルとして記述することが可能となる．例えば過去のビジネスモデルケースである「デフォルト Web ストア」と「配送業」を合成して，新しいビジネスモデルを構築することを考える（図 4.7）．これらのビジネスモデルの中心となるビジネス（アクタ）には，ビジネスタスクの HAS-A 関係が定義されている（図 4.8，図 4.9）．

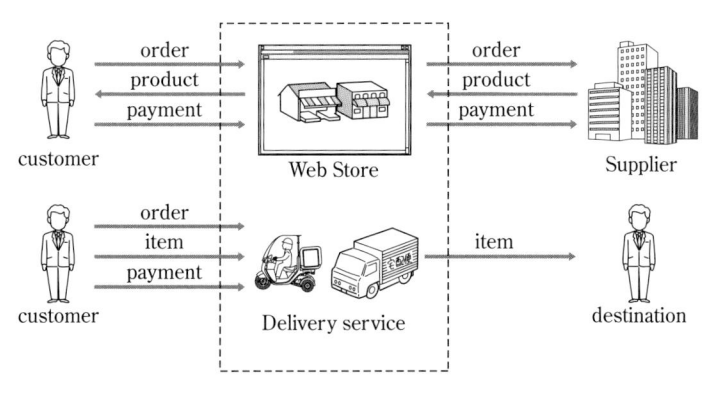

図 4.7　Web ストアと配送業の合成

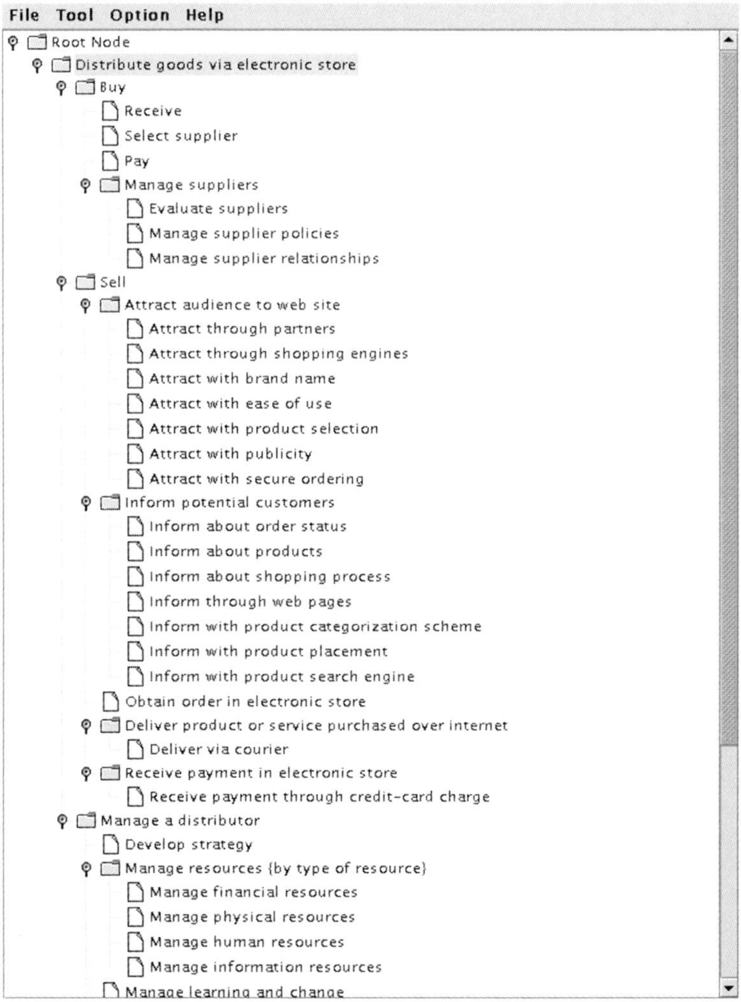

4.3 ビジネスタスクオントロジ

```
File  Tool  Option  Help
● ☐ Root Node
   ● ☐ Distribute goods via electronic store
      ● ☐ Buy
         ☐ Receive
         ☐ Select supplier
         ☐ Pay
         ● ☐ Manage suppliers
            ☐ Evaluate suppliers
            ☐ Manage supplier policies
            ☐ Manage supplier relationships
      ● ☐ Sell
         ● ☐ Attract audience to web site
            ☐ Attract through partners
            ☐ Attract through shopping engines
            ☐ Attract with brand name
            ☐ Attract with ease of use
            ☐ Attract with product selection
            ☐ Attract with publicity
            ☐ Attract with secure ordering
         ● ☐ Inform potential customers
            ☐ Inform about order status
            ☐ Inform about products
            ☐ Inform about shopping process
            ☐ Inform through web pages
            ☐ Inform with product categorization scheme
            ☐ Inform with product placement
            ☐ Inform with product search engine
         ☐ Obtain order in electronic store
         ● ☐ Deliver product or service purchased over internet
            ☐ Deliver via courier
         ● ☐ Receive payment in electronic store
            ☐ Receive payment through credit-card charge
      ● ☐ Manage a distributor
         ☐ Develop strategy
         ● ☐ Manage resources (by type of resource)
            ☐ Manage financial resources
            ☐ Manage physical resources
            ☐ Manage human resources
            ☐ Manage information resources
            ☐ Manage learning and change
```

図 4.8 デフォルト Web ストアの HAS-A 関係

Web ストアでは，"Attract with secure ordering"，"Receive payment through credit-card charge" など多くの Web ストアがもっているビジネスタスクが定義されている．また，配送業では，"Deliver product or service"（商品を自社で配達）などのビジネスタスクが含まれている．ここで，Web ストアをベースに配送

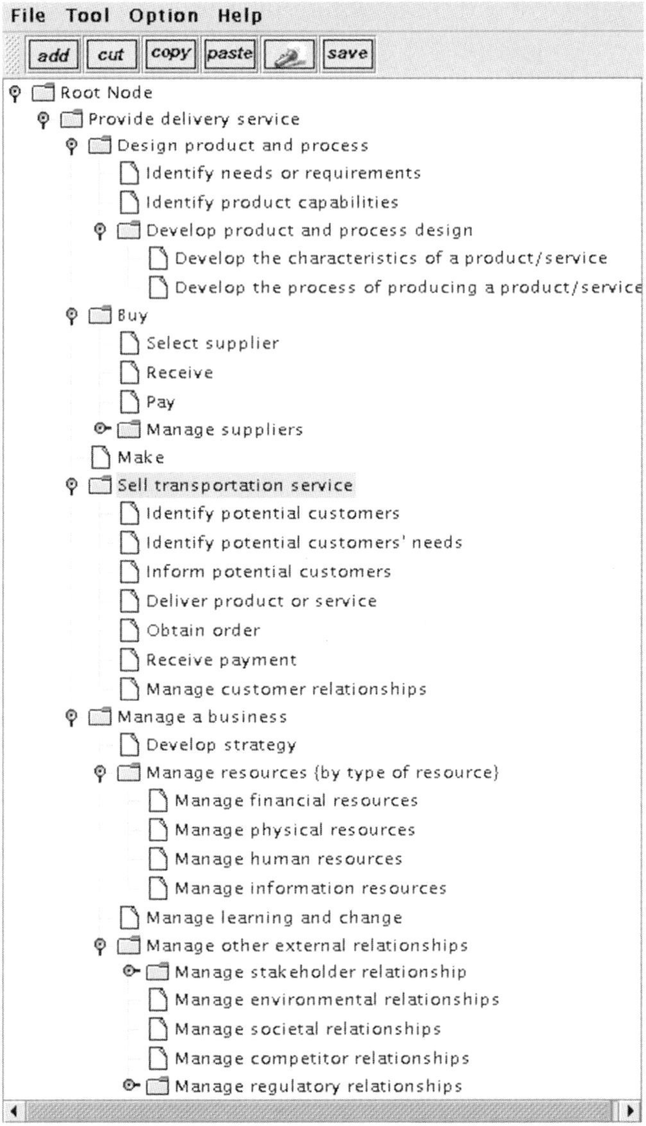

4 ビジネスアイデアの情報化技術

```
File  Tool  Option  Help
[add] [cut] [copy] [paste] [ ] [save]
🔽 📁 Root Node
   🔽 📁 Provide delivery service
      🔽 📁 Design product and process
            📄 Identify needs or requirements
            📄 Identify product capabilities
         🔽 📁 Develop product and process design
               📄 Develop the characteristics of a product/service
               📄 Develop the process of producing a product/service
      🔽 📁 Buy
            📄 Select supplier
            📄 Receive
            📄 Pay
         ○ 📁 Manage suppliers
         📄 Make
      🔽 📁 Sell transportation service
            📄 Identify potential customers
            📄 Identify potential customers' needs
            📄 Inform potential customers
            📄 Deliver product or service
            📄 Obtain order
            📄 Receive payment
            📄 Manage customer relationships
      🔽 📁 Manage a business
            📄 Develop strategy
         🔽 📁 Manage resources (by type of resource)
               📄 Manage financial resources
               📄 Manage physical resources
               📄 Manage human resources
               📄 Manage information resources
            📄 Manage learning and change
         🔽 📁 Manage other external relationships
            ○ 📁 Manage stakeholder relationship
               📄 Manage environmental relationships
               📄 Manage societal relationships
               📄 Manage competitor relationships
            ○ 📁 Manage regulatory relationships
```

図 4.9 配送業の HAS-A 関係

業務を自社で行うビジネスモデルを新しく考えたとすると，配送業のビジネスタスクから"Deliver product or service"（商品を自社で配達）を選択し，Webストアに元々あったビジネスタスクである"Deliver via courier"（商品を他社に委託して配達）に置き換えるだけで記述することが可能となる．

4.4 ビジネスプロセスプリミティブ

　前節の議論により，ビジネスアイディアのモデル化は可能になったが，そのモデルを直接実行可能なソフトウェアに変換することは困難である．本節では，ビジネスモデルとビジネスソフトウェアの橋渡しをするために，知識工学からの研究成果である Common KADS に基づき，ビジネスプロセスプリミティブを整備し利用する方法について述べる．

　Common KADS は，推論プリミティブ（推論システムを構成する推論の要素）を宣言的に定義したものである．知識分析や知識システムの開発のために利用されており，特に欧州では事実上のデファクトスタンダードになっている．また，推論プリミティブの形式的定義に集中しているが，知識モデルを明示化するための言語も提供し，オブジェクト指向型言語と関連して実行可能なコードに変換する方法についても研究開発が進められている．

　以上のことから，Common KADS の推論プリミティブを参考にしてビジネスプロセスプリミティブを定義すれば，実行可能なソフトウェアに変換することも容易になる．そのような方針でビジネスプロセスプリミティブを整備した．

　ビジネスプロセスプリミティブは，ビジネスモデリングにおけるワークフロー記述に適した 12 の推論プリミティブと四つの通信プリミティブにより構成される．推論プリミティブはビジネスにおける内部活動を記述するのに用い，通信プリミティブにより外部とのやりとりを記述する．図 4.10 にビジネスプロセスプリミティブの一覧を示し，12 の推論プリミティブについて説明する．

・**Generate**：入力に対して計算を施したりすることで新たに生成する．例えば，売上データベースから販売実績グラフを生成する．

推論
プリミティブ：
```
┌─────────────────────────────────────────┐
│  Generate    Assemble    Disassemble    │
│  Classify    Update      Modify         │
│  Select      Search      Check          │
│  Compare     Generalization  Specialization │
└─────────────────────────────────────────┘
```

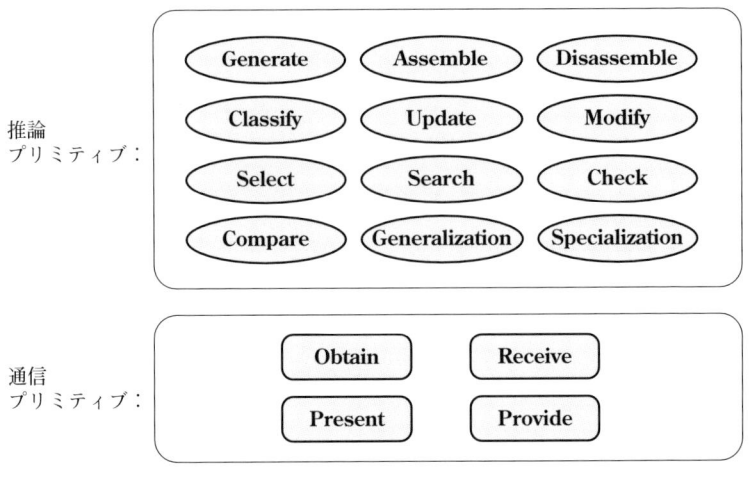

通信
プリミティブ：
```
┌─────────────────────────────────┐
│    Obtain        Receive         │
│    Present       Provide         │
└─────────────────────────────────┘
```

図 4.10　ビジネスプロセスプリミティブの一覧

- **Assemble**：入力を組み合わせて一つにし，出力する．例えば，ステレオシステムは様々なコンポーネントから成る．
- **Disassemble**：入力を個別の情報に分ける．例えば，ステレオシステムを構成する様々なコンポーネントに分ける．
- **Classify**：入力をある明瞭な基準に基づいてカテゴリ分けする．例えば，カエルは動物学上の分類によって両生類に分類される
- **Update**：情報を更新する．例えば，新規の売上を売上データベースに追加する．
- **Modify**：異なる形式のものに変える．Update を伴うこともある．例えば，請求情報から請求書を作成するとともに，請求情報データベースを更新する．
- **Select**：いくつかのものを選び出す．例えば，Order から注文品リストを選び出す．
- **Search**：ある情報をキーとして，マッチするものを見つけ出す．例えば，図書館の本から，「夏目漱石」を検索キーとして本を見つけ出す．
- **Check**：情報を確認する．例えば，注文に対して在庫が十分存在するかを確認する．

4.4 ビジネスプロセスプリミティブ

Generate

ex.
品目ごとの
割合を計算

Assemble

Disassemble

Classify

「両生類」

Update

New !

Modify

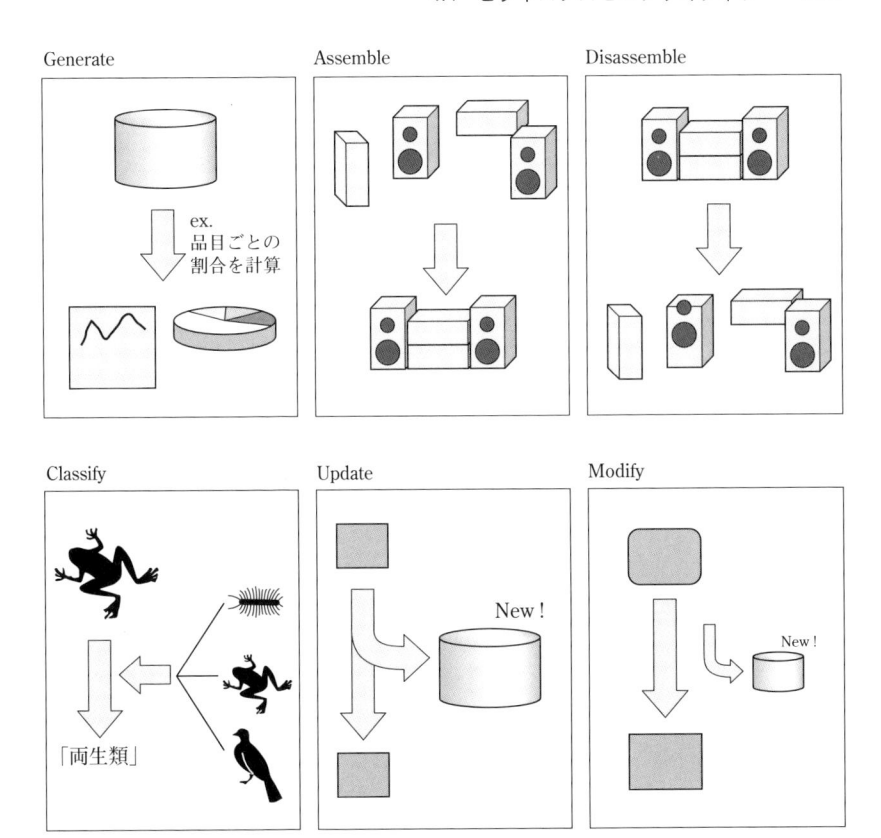

New !

図 4.11 ビジネスプロセスプリミティブの例（1）

- **Compare**：二つのオブジェクトを比較し，それらの内容が同一であるかを真偽値で出力する．例えば，現在の注文品リストと過去の注文品リストを比較する．
- **Generalize**：ビジネスオブジェクトオントロジを参照し，オブジェクトを抽象化する．
- **Specialize**：ビジネスオブジェクトオントロジを参照し，オブジェクトを具象化する．

こうして，前節で説明したビジネスタスクオントロジを使ってビジネスモデルを構成すれば，そのモデルをビジネスプロセスプリミティブ構造に変換すること

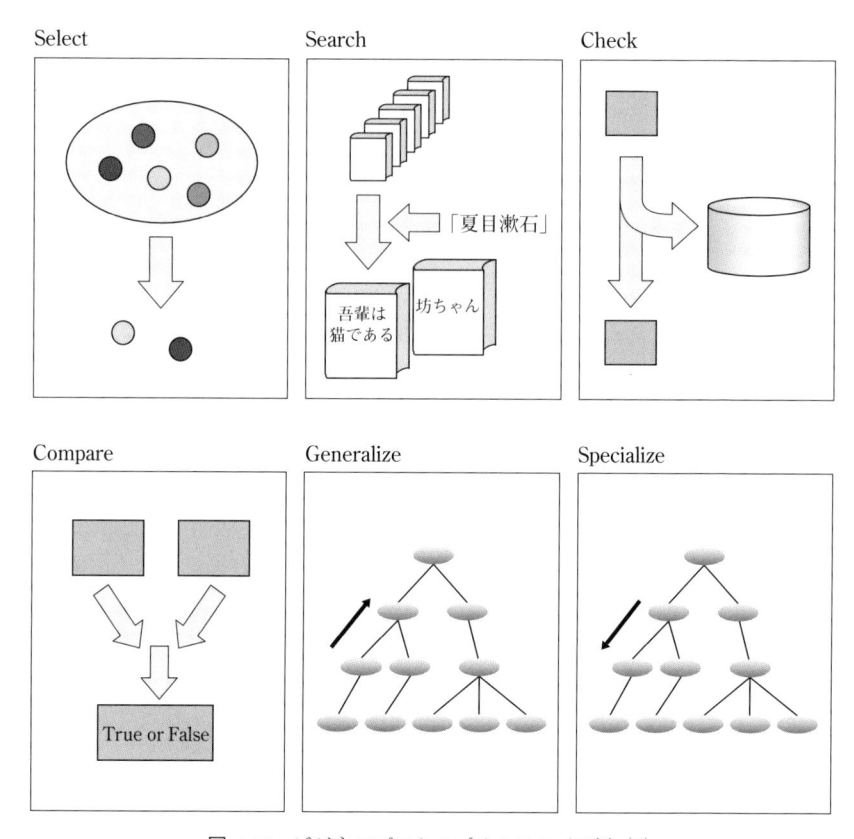

図 4.12 ビジネスプロセスプリミティブの例 (2)

が可能となり，さらに，オブジェクト指向型言語のソフトウェアにまで変換することにも見通しが立つ．図 4.7 ではビジネスタスクオントロジを使った新規ビジネスモデルの記述例を示したが，それをビジネスプロセスフロー（詳細に仕事の進め方を記述したもの）に変換したものを図 4.13 に示す．

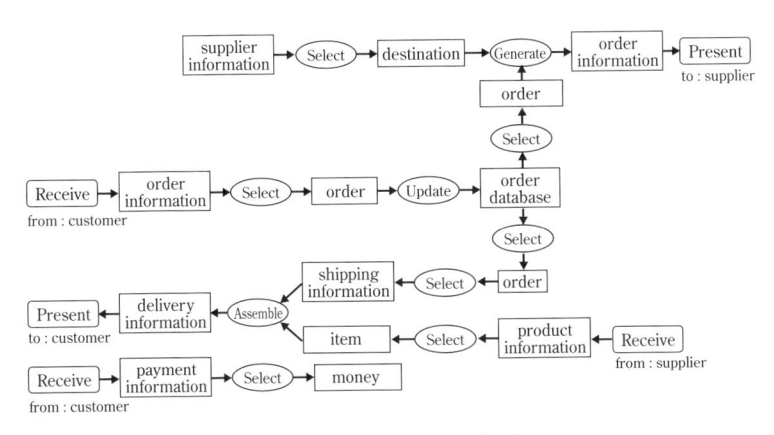

図 4.13 ビジネスモデルから変換されたビジネスプロセスフロー

4.5 ビジネス方法特許

　近年,「ビジネス方法特許」という言葉をよく耳にするようになってきた. 日本では「ビジネスモデル特許」と用語を使うことが多いが, 米国では, "Business Method Patent" という用語が使用されているため, ここでは,「ビジネス方法特許」という用語を使用する.

　ビジネス方法特許は, 言葉通り解釈すればビジネス方法（仕事の仕組み）に与えられる特許となるが, 事業方法や営業方法などの「仕事の取り決め」に特許が与えられたわけではない. ビジネス方法特許には, 情報技術の進歩がその背景にあり,「コンピュータやネットワークを利用して行うビジネス方法」に与えられる特許を意味する. 以下, ビジネス方法特許の歴史, および, 米国と日本における動向を中心に説明する.

4.5.1 ビジネス方法除外の原則

　1908 年, 米国において, レストランにおける帳簿管理方法が特許として認められるかどうかが論争となった（ホテルセキュリティ事件と呼ばれる）. この帳簿管理方法は「ウェイターとマネージャーが連続番号を付した二枚つづりの伝票をも

114 4 ビジネスアイデアの情報化技術

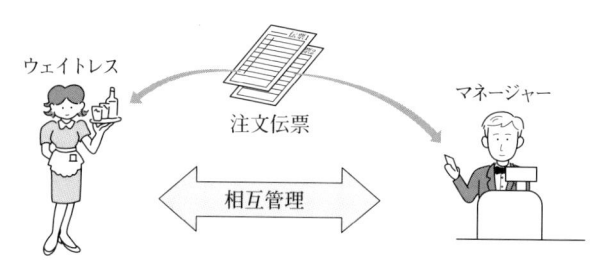

図 4.14 ホテルセキュリティ特許訴訟

つことにより，注文を集中管理できるため，従業員の不正行為を防止できる」(図 4.14) という方法であった．様々な論争が繰り広げられたが，第二地区連邦高裁は，この帳簿管理方法に関する特許権を無効とした．

このホテルセキュリティ特許訴訟判決以来，ビジネス方法は特許の対象にならないというという判例法上のルール（ビジネス方法除外の原則）が定着し，ビジネス方法に関する特許出願が拒絶されてきた．90 年代前半までに，ハードウェアに絡ませてビジネス方法特許を取得する例が増えてきたが，これらの特許は単に登録されただけで，権利行使されるには至らなかった．ビジネス方法除外の原則が大きな壁として立ちはだかってきたといえる．しかしながら 1998 年 7 月，この壁を突如砕く事件「ステートストリート銀行特許訴訟」が起こった．

4.5.2 ステートストリート銀行特許訴訟

本訴訟では，シグネチャー社が所有する投資管理方法に関するハブアンドスポーク特許「複数の投資信託資金（＝車輪のスポーク）を単一の共通ファンド（＝ハブ）に貯めて，多様な金融商品を運用する情報システム」(図 4.15) を無償で使用したいため，ステートストリート銀行がこの特許は無効であるという確認訴訟を提起した．

一審のマサチューセッツ連邦地方裁判所では，ビジネス方法除外の原則をもとに「ビジネス方法は特許ではない」とステートストリート銀行の主張を認めた．

しかしながら，米国の特許専門の高等裁判所である CAFC（米国連邦巡回控訴裁判所）は，「ホテルセキュリティ特許訴訟において特許が認められなかったのは，

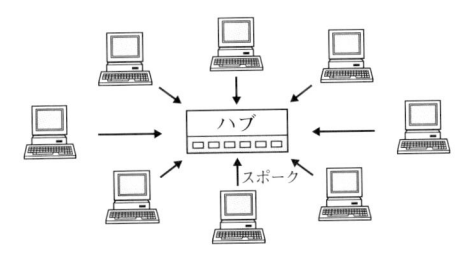

図 4.15 ハブアンドスポーク特許

その内容に新規性が欠落していたからであり，特許の対象外になっていた訳ではなかった」という見解を出した．さらに「有用性と実在性があり，具体的結果を生み出すものであれば，特許として認められるべきである」と判示し，連邦地裁の判決を覆して，「ハブアンドスポーク特許は，最終的な分配価格に有用性と実在性があり，具体的結果の要件を満たす．その結果，本特許は有効であり，ステートストリート銀行の行為は本特許を侵害するものである」という逆転判決を下した．

ステートストリート銀行は，CAFC の判決を不服としたが，最高裁はこれを取り上げず，シグネチャー社に特許権が認められたのである．

このステートストリート銀行特許訴訟の判決は，長い間固定着してきたビジネス方法除外の原則を無効にするものであり，これ以降，ビジネス方法特許関連の出願が急増するとともに，ビジネス方法特許に関わる大型特許訴訟事件も続々発生することとなった．

4.5.3 ワンクリック特許訴訟

日本で最も大きく報道された米国におけるビジネス方法特許訴訟が，ワンクリック特許訴訟（アマゾンドットコム対バーンズ＆ノーブルの特許訴訟）である．本訴訟では，1999 年 9 月，アマゾンドットコムが，同社が所有するワンクリック特許「ウェブ上の電子商取引サイトで顧客が入力した個人情報を保存しておき，顧客は，最初の買い物時にクレジットカード番号等を入力しておけば，2 回目以降の買い物ではマウスを 1 回クリックするだけで注文できる情報システム」（図 4.16 参照）と同様のシステムを運用していたバーンズ＆ノーブル社をシアトル連邦地裁

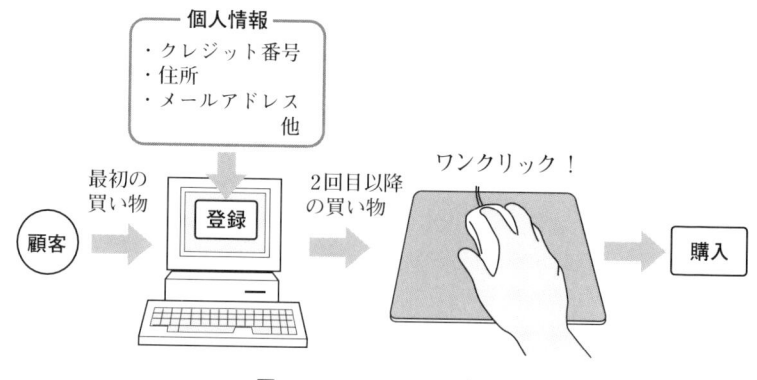

図 4.16　ワンクリック特許

へ提訴した．シアトル連邦地裁は異例のスピードで本件を処理し，アマゾンドットコムの主張を認め，1999 年 12 月 1 日，バーンズ＆ノーブル社にシステムの使用を差し止める仮処分を下した．クリスマス商戦の時期でもあったので，バーンズ＆ノーブル社は大きな打撃を受けたと言われている．

4.5.4　米国における最近の動向

　ワンクリック特許事件は，その後，各方面様々な影響を与えている．例えば，バーンズ＆ノーブル社は情報システムの再設計に取組み，ツークリックに基づく情報システムを再開発した．その結果，ワンクリック特許の抵触を回避し，業績を回復させることに成功した．この事実に対して，すでにビジネス方法特許が存在しても設計変更により競業が可能であると評価される一方，本質的にはあまり変わらない情報システムの開発によって特許に抵触しなくなることから，ビジネス方法特許がもつ本来の有効性を疑問視する声も出始めている．特にオープンソフトの普及を促進している組織である GNU は，ワンクリック特許訴訟を起こしたアマゾンドットコムを痛烈に批判し，アマゾンドットコムの商品の不買運動を展開した．このような動きを受けて，アマゾンドットコムのジェフ・ベゾス社長は，通常の特許よりビジネス方法特許の有効期間をかなり短くすること（2～3 年）など，自分の Web ページでビジネス方法の特許の在り方を議論している．

米国特許庁においても，2000年3月29日にビジネス方法特許の審査の質を改善するためのアクションプランを発表し，過去の考案発明や業界慣例のより効果的な調査，審査ガイドラインの改訂，審査は原則2回などの検討が始まっている．また，米国特許庁で規定されている「米国特許分類705」には，ビジネス方法特許の出願対象分野として，データ処理，金融，ビジネス業務，経営，コスト・価格決定などの分野が列挙され，現在の出願は，これらのあらゆる分野へ拡大しつつある．有用性と実在性があり，具体的結果が伴うものであれば，あらゆるものが，ビジネス方法の特許の対象になろうとしているといっても過言ではない．

4.6　まとめ

　IT革命の進展に伴い，情報化投資額は増大傾向にある．他方，金額の増大と並行してビジネスモデルのIT化のスピードが求められている．従来，新しい情報システムの導入には，業務分析，BPR，設計，開発，システム導入等に最低でも1年程度の期間を必要とした．最近の企業のニーズでは，新しいビジネスモデルを情報システムに焼き直して導入するまで，3～6ヶ月程度のスピードアップが求められている．また，ビジネスモデルを情報システム化することで，すでに述べたようにビジネス方法特許として認められる傾向にあり，こういった観点からもIT化のスピードアップは必須の課題になっている．

　上記のニーズに対してソフトウェア工学の研究分野においては，情報システムの開発工程に焦点をあてて，生産性向上を目指した研究開発が進められている．特に，コンポーネントウェアという名のもとで網羅的に典型的な開発事例を集めた「ソフトウェアリポジトリ」(システムのコンポーネントとその仕様を部品化してデータベース化したもの)を利用した開発手法が提案されはじめており，CORBA (Common Object Request Broker Architecture) やJavaBeansなどがその代表例である．しかしながら，これらのソフトウェアリポジトリは，ソフトウェアに対する要求の変化が激しい中で，業務内容とソフトウェアの部品との関係，分割方法，それらに必要な概念設計が十分でないため，汎用性が低い状況であり，情

報システムの迅速な構築に十分に機能していないのが現状である．

また，経営科学や知識工学では，エンタープライズオントロジという名のもとでエジンバラ大学や MIT などで研究が推進され，企業活動の概念の体系化が提案されていることはすでに述べたが，この研究分野では上流の概念設計のことしか念頭になく，実装レベルでの議論が欠落しているという問題がある．

以上のことから，情報システム構築のスピードアップを真に実現するには，業務分析から設計を通して開発に至るまで，上流工程から下流工程までのソフトウェアライフサイクル全体を首尾一貫して支援する枠組みが求められているといえる．本章では，上記の立場から，ビジネスタスクオントロジを使った上流工程の支援，ビジネスプロセスプリミティブを使った中流工程の支援について述べた．下流工程の支援については，商用レベルのコンポーネントウェアに変換可能であることを確認している．研究活動や創造活動の成果を知的財産として戦略的に保護・活用することが叫ばれている今日，ビジネス方法特許に関連して，このようなプラットフォームの整備はますます重要になってくるであろう．

参考文献

[1] M. Uschold, M.King, S.Moralee and Y.Zorgios, "The Enterprise Ontology", Knowledge Engineering Review, Vol.13, Special Issue on Putting Ontologies to Use, 1998

[2] MIT eBusiness Process Handbook Project : http://ccs.mit.edu/eph/

[3] The MIT Process Handbook Project : http://ccs.mit.edu/ph/

[4] CommonKADS : http://www.commonkads.uva.nl/

[5] K. ガードナー, A. ラッシュ, M. クリスト, R. コニツァー, B. ティーガーデン著, 友野康子, 友野昌夫 訳『認知パターン－オブジェクト技術のための問題解決フレームワーク』ピアソン・エデュケーション, 2001

[6] Noriaki Izumi, Takahira Yamaguchi,"Building Business Applications by Integrating Heterogeneous Repositories Based on Ontologies", Ontologies and Information Sharing (IJCAI-2001 Workshop program), pp.166-173, 2001

【用語集：第1章】

■アンダーセンコンサルティング（現アクセンチュア）
　経営コンサルティング会社．2001年にアクセンチュアに改称．コンサルティングと情報技術を組み合わせたビジネス・インテグレーションというコンセプトを具体化した．(http://www.accenture.com/)

■仮想店舗，電子ショップ
　インターネット上に設けられた仮想的な商店．バーチャルショップ，オンラインショップ，電子商店，電子テナントとも呼ばれる．商品検索から購入，決済や配送手続きまで一括して行うことができる．有形の商品はもちろん，無形の商品の取り扱いも急増している．

■サプライチェーンマネジメント（SCM：Supply Chain Management）
　材料調達から製品生産，物流，販売に至るまでの経路をサプライチェーンと呼び，この経路全体を一つのビジネスプロセスとしてとらえ，プロセス全体として最適化を目指す経営管理．例えば，「必要な時に必要な量を」という需要に応じた生産を管理することで，製造側は在庫管理コスト削減が可能になり，販売側はスピーディかつ確実に商品を観客に発送することが可能になる．

■電子データ交換（EDI：Electronic Data Interchange）
　企業間の受発注や見積り，決済などの取引データやビジネス文書を，専用線やVAN，インターネットなどの通信回線を介して電子的に交換すること．急速に広がるeビジネスに対応した標準化やオープン化が進んでいる．
　国際標準として国連で制定された，行政，商業および運輸のためのEDI標準であるUN/EDIFACT（United Nations/EDI For Administration, Commerce and Transport），日本ではEDIFACTを日本向けに開発した流通向けEDI標準

JEDICOS（Japan EDI Commerce System），(財) 日本情報処理開発協会・産業情報化推進センターで制定された EDI 標準 CII（Center for the Informatization of Industry）がある．

また EDI には，インターネット EDI，スポット取引などで取引ごとに EDI を取り決める Open EDI，在庫や納期の照会処理や受発注の即時処理などのリアルタイム応答に対応した Interactive EDI，小規模システム向けのパソコンとブラウザで EDI システムを実現する Web based EDI などのキーワードがある．

■電子モール

インターネット上に設けられた仮想的な商店街．バーチャルモール，オンラインモール，電子商店街ともよばれる．初期の電子モールは，単に電子ショップが集まっただけのものであったが，「楽天市場（http://www.rakuten.co.jp/）」のような新しいビジネスモデルを導入した電子モールを構築するベンチャーが近年では急増している．

■引き当て

在庫を割り当てること．注文に対して該当商品の在庫を検索し，注文分の商品として確保する．

■ ACL（Agent Communication Language）

ネットワーク上で複数のオブジェクトと相互作用することによりユーザを代行する自律モジュールをエージェントと呼び，そのエージェント同士がコミュニケーションするための言語が ACL である．ソフトウェアの連携を目的とする言語であるが，エージェント間の仲介を行うファシリテータが語彙変換を行うなどして連携を促進する．エージェント技術は ANSI や ISO などで標準化が進められており，中でも通信言語である ACL は FIPA（Foundation for Intelligent Physical Agent：http://www.fipa.org/）という団体を中心に標準化が進められている．

【用語集：第1章】

■ DARPA（Defense Advanced Research Projects Agency）
　米国国防総省高等研究計画局（http://www.darpa.mil）の略称．1972年にARPA（Advanced Research Projects Agency）から改称された．UNIXをTCP/IPで相互接続したARPAnetをARPAが開発し，現在のインターネットの発展の礎となっている．

■ ECOM（電子商取引推進協議会）
　電子商取引の運用や制度に関する問題に対して，課題整理，標準化活動，ガイドラインや運用方針，ルールなどの作成を行う団体．平成14年度，電子商取引とXML/EDI，STEP等の標準化との密接な連携を推進するために，企業間電子商取引推進機構（JECALS）と電子商取引実証推進協議会（ECOM），産業情報化推進センター（CII）などの活動が統合され設立した．（http://www.ecom.or.jp/）

■ eマーケットプレイス（e-marketplace）
　売り手と買い手が直接取引をするために，インターネット上に作られた電子的な市場のこと．これまでの流通とは異なり，仲介業者を介さずに取引することが可能となり，大幅なコスト削減につながる．また，売り手側は新規取引先開拓や在庫調整，買い手側はスポット調達などが可能となる．課題としては，信用と運輸の確保があげられる．電子部品，資材，衣料品，オフィス用品，医療品，食料品など，様々な市場で立ち上がっている．

■ INTERSTAGE
　J2EE, SOAP, UDDI, ebXML, CORBAをはじめとする最新の国際標準技術に，高信頼かつ高性能の基幹システムの構築技術を融合した基盤ソフトウェア．企業内の基幹システムからブロードバンド・インターネットを活用したBtoBシステムまでの構築が可能．Foundation (Interstage Application Server, Interstage Traffic Director, Interstage Security Director), Integration（フロント統合：Interstage Portalworks，プロセス統合：Interstage CollaborationRing，コンテンツ統合：

Interstage Contentwiz), Development Suite (Java 統合開発環境：Interstage Apworks, アプリケーション開発フレームワーク：Interstage Apcoordinator, システム構築テンプレート：Interstage Solution Suite) で構成される．世界で初めて CORBA ブランドの認定を受けた． (http://interstage.fujitsu.com/jp/)

■ Knowledge Sharing Effort (KSE)

知識共有のための知識ベースシステム構築を目的とした，ARPA などがスポンサーのプロジェクト．知識ベースコンテンツの概念や定義を推進するグループ，知識ベースコンテンツの内容を記述する言語を策定するグループ，複数の知識ベースコンテンツをやり取りするメッセージプロトコルを作成するグループの3グループで構成されている． (http://www-ksl.stanford.edu/knowledge-sharing/)

■ RDBMS (Relational Data Base Management System)

リレーショナルモデルに基づいたデータベース管理システム．データを複数の2次元の表で管理し，表間を任意の項目で関係付けてデータを取り出す．DBMS としては他に，木構造/階層型，ネットワーク型，オブジェクト指向型があるが，現在利用されているもののほとんどはリレーショナル型である．

■ SQL (Structured Query Language)

リレーショナルデータベース上のデータを操作するための構造型問合せ言語．ANSI (米国規格協会) と ISO (国際標準化機構), JIS (日本工業規格) において規格化されている．機能により2種類に分けられ，表やビューに対するアクセス権限などを定義するデータ定義言語 (DDL：Data Definition Language) と, データを挿入・検索・更新・削除など操作するデータ操作言語 (DML：Data Manipulation Language) からなる．

【用語集：第2章】

■均衡

　本来は二つ以上の物事の間に釣り合いが取れていることを意味するが，ゲーム理論では，各エージェントが合理的であることを仮定した場合に，ゲームの帰結を予測するための概念を示す．すべてのエージェントが唯一の支配戦略をもてば，合理的なエージェントはこの支配戦略を取ると考えられる．この支配戦略の組合せを支配戦略均衡と呼ぶ．これは各エージェントの力関係が釣り合って変化のない状態であると考えられる．一方，ゲームに支配戦略均衡が存在しないが，唯一のナッシュ均衡が存在する場合，各エージェントが互いに他のエージェントも合理的であることを仮定するなら，ゲームの結果はナッシュ均衡となることが予想される．これも，相手が戦略を変化させないという仮定のもとで，各エージェントが現在の状態から逸脱する誘因をもたないという点で均衡となっている．

■ゲーム理論

　個々の目的をもつ複数の主体（エージェント／プレイヤー）が存在し，これらが相互に依存しあっている状況（ゲーム）を，数理モデルを用いて定式化し，プレイヤー間の利害の対立／協力等を分析する理論．ジョン・フォン・ノイマンとオスカー・モルゲンシュテルンの著書『ゲーム理論と経済行動』を出発点とする．エージェントが独立に自己の効用を最大化するように戦略を決定することを仮定する非協力ゲーム (non-cooperative game) と，エージェント間の結託の形成に重点を置く協力ゲーム (cooperative game) に大別される．また，エージェントが，他のエージェントも含めてゲームに関する完全な情報をもつことを仮定する情報完備ゲーム (game with complete information) と，完全な情報をもつことを仮定しない情報不完備ゲーム (game with incomplete information) に分類できる．本章で扱うオークションは，各エージェント（入札者）のタイプ（選好）が他のエージェントにはわからないという点で情報不完備ゲームの一種である．

【用語集：第2章】　***125***

■クラークメカニズム

クラーク税，pivotal メカニズムとも呼ばれる．クラーク・グローブスメカニズムの特殊な場合であり，社会的決定において，各参加者は自分の参加したことによって生じる社会的余剰の減少分を負担する．本書で説明した一般化 Vikcrey オークションプロトコルは，クラークメカニズムをオークションに適用したものであり，Vickrey-Clarke-Groves (VCG) メカニズムとも呼ばれる．

■顕示原理

メカニズムデザインにおいて，各参加者のタイプ／選好を直接表明させるメカニズムを直接顕示メカニズムと呼ぶ．顕示原理（revelation principle）は，（直接顕示メカニズムに限らない）一般のメカニズムで，ある望ましい性質を満たす社会的決定が実現可能であれば，直接顕示メカニズムでも同様な社会的決定が可能であることを示している．すなわち，メカニズムを直接顕示メカニズムに限定しても一般性は失われない．クラークメカニズムは直接顕示メカニズムの一種である．

■効用

ゲームの結果として起こりうる状況に対して，エージェントのもつ選好の順序を数値化して表現したもの．利得とも呼ばれる．大小関係のみが意味をもつ場合を序数的効用と呼ぶ．序数的効用では，効用を表す数値の絶対値や数値間の差は意味をもたない．一方，数値自身にも意味を認める場合を基数的効用と呼ぶ．基数的効用では，効用の加減乗除等も意味をもつ．本書で扱う準線形の効用は基数的効用の一種であり，効用は金銭によって測定可能で，エージェントの効用の加算（社会的余剰）に意味があることを仮定している．

■合理的なエージェント

ゲームにおいて，各エージェントは明確な目的をもち，この目的の達成度を効用として表現可能で，この効用を可能な限り最大化しようとすることを仮定する．このようなエージェントを合理的なエージェントと呼ぶ．一方，一般にゲームで

は，各エージェントの効用は自分の戦略のみでは決定できず，他のエージェントがどのような効用をもち，どのような戦略を取るかに依存する．このため，合理的エージェントは，他者の行動に関して，可能な限りの推論を行って予測することも仮定する．

■選好

複数の状況に対してエージェントがどちらを好むか（あるいは無差別であるか）を二項関係で表したもの．選好がある一定の条件を満たす場合には，選好の順序を数値化して基数的効用として表現可能である．一方，グループでの意思決定において，個々のエージェントの選好からグループとしての選好を構成する際に，いくつかの自然な仮定を満たすグループとしての選好を構成することが不可能であることを示したのがアローの一般可能性定理である．

■戦略

各エージェントの行動の選択方法を戦略と呼ぶ．確率的に行動を変えることを含む混合戦略と，常に一定の行動を選択する純粋戦略に分類される．相手のどの戦略に関しても最適な反応となる戦略を支配戦略と呼ぶ．合理的なエージェントは，もし支配戦略が存在すれば，支配戦略を選択すると考えることができる．

■ミクロ経済学／マクロ経済学

"ミクロ"は個々もしくは細かなといった意味で，"マクロ"は全体的，集計的といった意味で用いられる言葉である．ミクロ経済学は微視的経済学と訳され，生産と消費の主体となる個々の企業や家計等の経済行動の分析から始まって，全体としての市場及び経済の分析に至る経済学の領域を指す．ワルラスの一般均衡理論がその典型である．ゲーム理論との関連が深く，ミクロ経済学の様々な分野でゲーム理論が利用されている．一方，マクロ経済学は巨視的経済学と訳され，国民所得，経済成長率，投資，消費といった巨視的集計概念を用いてこれらの関係，例えば景気変動等の分析を行う．ケインズの理論がその典型である．

■メカニズムデザイン

　なんらかの社会的決定 (橋などの公共財の建築を行うか否か，移動体通信の周波数帯域の免許をどの事業者に与えるか，誰を大統領に選ぶかなど) を行う際に，各個人に対して，社会的決定の選択肢に関する選好を表明させ，その選好に基づいて社会的決定を行うことが通例である．このような社会的決定を行う場合の問題点として，各個人の真の選好は公知ではなく，真の選好を表明するかどうかは各個人の自由意思に任されていることがある．このような状況で，各個人に真の選好を表明する誘因を与えて，望ましい社会的決定が行えるようなメカニズムを設計する問題をメカニズムデザインの問題と呼ぶ．ゲーム理論的には，メカニズムデザインの問題は，ゲームのルールを以下の性質が満たされるように設計することである．すなわち，ゲームに均衡が存在し，その均衡において望ましい性質 (例えばパレート効率性) が実現される．このようにゲームのルールが設計できれば，合理的なエージェントは自発的に均衡となる戦略を選択し，その結果，メカニズムのデザイナが望んだ性質が実現されることになる．

【用語集：第3章】

■エキスパートシステム（Expert System）

　人工知能の理論と技術を基礎とした，現実問題への適用を志向するシステム開発技術である．これには大きく二つの定義づけが可能である．第1の定義は次のとおりである．「エキスパートシステムとは，人間の知性を用いなければ解けないような特定分野の問題を解決するのに，専門家の経験的知識を計算機に組み込んで，人間に代わって，あるいは人間をサポートして問題解決を遂行することを目的としたシステムである」．この定義は，対象とする領域の特定のタスクを効率的にこなしていくためには，その領域の専門家の知識が重要な役割を果たすという知識工学の考え方に基づいている．これは「知識は力である」というスローガンに象徴されている．

　第2の定義は次のようなものである．「エキスパートシステムとは，問題解決にあたって知識を明示的に利用するシステムであり，知識とそれを使うための仕組みとを，それぞれ知識ベースと推論機構として分離し，独立性の強い二つの要素から構成したソフトウェアシステムである」．知識システムの実現には，記号処理技術が主に用いられる．かつてSimonは知的な行動を実現するためには記号処理が必要十分な機能であることを主張し，これを物理的記号システム仮説（Physical Symbol System Hypothesis）と呼んだ．

■コサインを用いた類似度計算

　検索の対象データの特性をベクトル値で表現した場合，二つのデータa,bの内積は，$(a,b) = |a||b|\cos\theta$ で計算される．ここで θ は，二つのベクトルの間の角度である．aとbが同じ特性値をもっていれば $\theta = 0$ であるし，共通する特性値がなければ $\theta = 90°$ となる．逆にこの式を利用して $\cos\theta$ の値を計算すれば，二つのデータの類似度を計算することができる．

■コンサルテーションシステム

　コンサルテーションシステムはエキスパートシステムの一種類であり，特定のタスクドメインの事象の類型や専門知識を，コンピュータから利用者に提示するものである．システム利用者は多くの場合，適切な情報が得られるまでシステムを対話的に操作する．特に医療診断などのタスクドメインにおいて，専門医による診療の必要性を軽減するために活用しようとする場合が多い．しかし，システムによって示された結果に間違いがあったときの問題の解決などには難しい側面もあり，システムの妥当性の評価，コンサルテーション内容の維持管理など，実際の問題に適用するには困難を伴う．

■情報検索（Information Retrieval）

　データとその分析結果をコンピュータ上にデータベースとして蓄積しておき，要求に応じてその必要な部分を効率よく取り出す作業を意味する．そのためには，もとの情報（一次情報）から重要な項目となる属性（商品名や値段など）を選び，これに関するデータ（二次情報）を索引の形式で記憶しておく．情報推薦システムの場合は，推薦に必要な情報を索引にすることになる．

■第1種の誤り・第2種の誤り

　与えられた仮説の成否を確かめる場合に発生する誤りには，二つの種類がある．一つは，仮説が正しいのにそれを間違っていると判定する場合である．これを第1種の誤り（Type I Error）という．もう一つはこれとは逆に，仮説が間違っているのにそれを正しいと判定する場合である．これを第2種の誤り（Type II Error）という．商品の品質を例に考えてみると，第1種の誤りは良品を不良品と間違えることに相当し，生産者にとって不利な状況が発生する（生産者危険）こととなる．第2種の誤りは不良品を良品と間違えることに相当し，消費者にとって不利な状況が発生する（消費者危険）こととなる．

【用語集：第3章】

■適合率と再現率

情報検索において，利用者の質問に対して得られた検索結果の効率を評価する典型的な尺度．ある質問 q に対して，全データ中で質問に合致するデータ集合を Rq とする．情報検索システムが選択したデータ集合を Eq，Eq のうち Rq にも含まれるデータの集合を E'q とする．適合率（Precision Rate）は E'q と Eq の比（検索結果のうちの正解の割合）で表され，再現率（Recall Rate）は E'q と Rq の比（全正解データのうち検索結果として選択されたデータの割合）で定義される．

■テキストマイニング

テキストマイニングはデータマイニングの一種であり，対象データが数値ではなく非定形的な文章データであることで特徴づけられる．すなわち，文章データを分析し，そこから有用な役に立つ知識・情報を取り出そうという技術である．テキストマイニングには通常の情報検索の手法も含まれるが，それに加えて文書間に含まれる語句の間の相関関係や共起関係を分析し，自明でないパターンを獲得することが重要となる．

■データマイニング

データマイニングとは，「妥当性，新規性，潜在的有用性，最終的な理解可能性」のあるパターンをデータから同定するための，自明でないプロセスをいう．ここで得られた有用なパターンが，役に立つ知識や情報になることが期待される．この意味でデータマイニングには，「データベースからの知識発見（KDD：Knowledge Discovery in Databases）」という用語を用いることもある．狭い意味では，データマイニングとは KDD プロセスの一つのステップであり，データ分析とデータ発見のアルゴリズムを適用して，計算効率を考慮しつつ，データ中の特定のパターンを数え上げ抽出するものである．データマイニングに対する興味が急速に広まった背景には，大量かつ多様な種類のデータの蓄積とその活用の要請，データベース，機械学習，統計などの理論を統合しようという理論的な要請，成熟しつつある人工知能やデータベースの技術をソフトウェア化して大規模問題に適用しよう

という技術的な要請，の三つが考えられる．

■ e コマース (e-Commerce : Electronics Commerce)

エレクトロニクスコマースとは，電子的な手段で商取引を行うことである．特に，一般消費財を一般利用者に対して販売する際に，インターネットの Web システムを利用する場合を示すことが多い．最近では，Web 上に情報を提供しているだけでは効果が少なく，商品とサービスとを同時にオンラインで提供する必要性が強調されている．

■ Web マイニング

インターネット上の各種 Web ページに含まれる情報に対して行うデータマイニングを意味する．Web マイニングでは，HTML や XML などの半構造的なデータや文書情報を取り扱うこと，情報資源がハイパーリンクで世界中に接続しており分散の程度が著しいことが大きな特徴であり，インターネット上の検索エンジンを組み合わせた手法が重要となる．

■ TFIDF

TFIDF は，情報検索において，文献中に出現する語句や索引語に「重み」を与えるための尺度の一つである．これは，基本的には語句の出現頻度を利用する方法である．この考え方は，「文書中に繰り返し出現する語句はその文書において重要性が高い」という仮定に基づいている．TF (Term Frequency) は文書中に出現する単語の頻度で表しており，数多く出現する単語が重要であることを主張する．一方 IDF(Inverse Document Frequency) は，特定の語句が頻出する文書が多い場合は値が小さくなる尺度である．これは，いろいろな文書に共通するような語句は情報検索を行う上で文書を特徴づける量として不適切であるという考え方に基づく．両者の積 $TFIDF$ を用いることによって，文書中に出現する語句の重みを適切に評価することができる．

【用語集：第4章】

■エキスパートシステム

　エキスパートシステムは専門家のように知的に振舞うシステムであるが，内部構造的には知識と制御（推論）を分離したことに特徴がある．すなわち，従来型のプログラミングシステムでは，知識と制御構造が一体化されて開発されていたため，知識を修正すると制御構造も修正せねばならず，頻繁な知識の修正が事実上不可能であった．一方，エキスパートシステムでは，知識と推論エンジンを分離したため，知識を修正しても推論エンジンに副作用を及ぼすことが少なく，知識の頻繁な修正を可能にした．通常，専門家にインタビューして得られる経験的知識は不安定で何度も修正されるため，従来型のプログラミングでは対応できなかったが，エキスパートシステムの登場によりシステム化が可能になった．しかしながら，経験的知識を長期にわたって維持することはやはり困難であり，90年代になってエキスパートシステムの研究は，事前に整理した推論プリミティブや概念仕様（オントロジ）によって知識をモデル化する知識モデリングの研究へ移行することになった．

■オントロジ

　オントロジとは概念化の明示的仕様である．対象世界に含まれる重要な概念を切り出し，自然言語あるいは形式言語により概念間の関係を与え，さらに公理的記述も加えることにより，概念群を体系化したものがオントロジである．現在，オントロジにおいては，(1) 概念の形式的表現，(2) 構築方法論，(3) 支援環境およびツール，(4) 具体的なオントロジの開発，(5) アプリケーションの開発など，基礎理論から応用まで幅広く研究開発が進められている．

　(1) については N.Guarino や J.Sowa らの研究が代表的であり，全体・部分の理論や identity の理論などを通して，抽象概念群の体系化（トップオントロジ）を目指している．(2) についてはオントロジ開発プロセスが整備されつつあり，例え

ばエジンバラ大学では，概念群をグループ化し（ワークエリアと呼ぶ），各ワークエリアで重要な基本概念を同定して，その基本概念からより抽象的な概念あるいはより具体的な概念へ両方向に定義を拡大させていく方法論を提案している．(3)については南カリフォルニア大学の Ontosaurus など，種々のオントロジエディタが開発されている．(4) については WordNet，EDR，CYC 等の大規模オントロジの他に，法律・エンタープライズ・故障・教育分野のオントロジなど，領域固有のオントロジの開発も進んできている．(5) については知識共有・再利用や情報検索・統合等への応用が試みられており，最近では，知識マネジメントとの関連についても研究が開始されている．

■コンポーネントウェア

コンポーネントウェアは，オブジェクト指向に基づき，プラグ&プレイ型の（動的に組込可能で即座に使用可能な）ソフトウェア部品を組み合わせてシステムを開発する技術体系である．狭義には，このような開発技術を支援する開発環境の総称としても使われる．ソフトウェア工学における従来の部品合成と比較して類似点も多いが，コンポーネントウェアではアーキテクチャと関連させた議論が多い．CORBA（Common Object Request Broker Architecture）や JavaBeans は，その代表的なアーキテクチャである．

■米国特許「705 分類」

米国特許商標庁では，特許をさまざまなクラスに分類し，その分類されたクラスごとに専門官を置いて審査を進める体制を敷いている．ビジネス方法特許として注目されている事例は，ほとんどこの「705 分類」で審査されている．「705 分類」は以下の三つの大カテゴリ，「自動的な電子金融手法，電子ビジネス手法，電子管理手法」，「暗号法を利用したビジネス処理」，「コストまたは価格の決定に関わる手法」に分類され，その大カテゴリがさらに 96 のサブカテゴリに分類されている．1 番目の大カテゴリには「健康管理，保険，予約，販売促進，電子ショッピング，在庫管理，会計，金融」，2 番目の大カテゴリには「分散データファイル

の使用保護，トランザクションの保護，電子交渉」，3番目の大カテゴリには「郵便料金メータシステム，光熱費の入力・補正・出力，タクシーメータ，パーキングメータ」などのサブカテゴリーが含まれている．

■ベストプラクティス

ベストプラクティスとは，端的に言えばビジネスプロセス（仕事の仕組み）を遂行するための最善の事例である．業界の慣行等にとらわれず，異業種・別世界の事例までも参考にして，最善の方法を見つけて自らのビジネスプロセスを改善していく経営方法論ともいえる．例えばモービルでは，サーキットのピットクルーにおける車の整備方法をベストプラクティスとして，クルーチームの面々がマイク付きのヘッドフォンを使って連絡を取り合う光景に注目し，その連絡方法を取り入れることによりガソリンスタンドの従業員間の連絡方法を改善した．

■B to B

企業間で行われる電子商取引をB to B（Business to Business）と呼ぶ（正確にはB to B e コマース）．例えば，米国のGMやGEがインターネットを通して世界中の部品メーカから部品を調達していることが，B to Bの一例である．B to CとB to Bの電子市場を比較した場合，その規模は圧倒的にB to Bの方が大きい．

■B to C

インターネットに代表されるコンピュータネットワークを通して実施されるビジネス上の取引を電子商取引（e コマース）と呼び，企業と消費者間で行われる電子商取引をB to C（Business to Customer）と呼ぶ（正確には，B to C e コマース）．例えば，一般消費者がアマゾンドットコムで本を注文して購入することが，B to Cの一例である．

【用語集：第 4 章】　***135***

■ BPR

BPR（Business Process Reengineering）とは，90 年代前半にマイケル・ハマー等によって提唱された，情報技術を積極的に導入してビジネスプロセスを変革する経営手法である．生産管理などオペレーションレベルのビジネスプロセスでは成功を収めたが，トップレベルのマネジメントではその効果は疑問視され，90 年代後半には，BPR への関心は急速に低下し，プロセスよりもプラクティス（事例）や知識に関心が移行していった．しかしながら，プロセスとプラクティスは相反する概念ではなく，むしろ相補的な関係にあり，両者を統合する経営方法論も出現しはじめている．

■ SemanticWeb

SemanticWeb とは，エージェントのようなソフトウェアが Web の情報をある程度理解して処理することを可能とする，次世代 Web 技術である．XML を最下位層とし，RDF（Resource Description Framework），RDFS（RDF Schema），オントロジ，Logic，Trust，Conclusion と層が上がっていく．現在，すべての層の仕様が定まっているわけではなく，RDF からオントロジまでの仕様が固まりつつある．なお，SemanticWeb におけるオントロジは，前述（p.132）で説明したオントロジとは異なり，複数のクラスの共通部分やプロパティの推移性などの議論に集中しており，SemanticWeb の「RDF ＋ RDS ＋オントロジ」全体で，概念の仕様を定める p.132 のオントロジに相当すると考えられる．

索　引

■ア行

アジル　90
アドバタイズ　10
アマゾンドットコム　115
一般化 Vickrey オークション　40
英国型　37
エキスパートシステム　91
エージェント　9
エンタープライズオントロジ　91
エンタープライズマーケット　90
オークション　29
オブジェクト指向型言語　109
オランダ型　38
オントロジ　10, 92
オントロジ変換　10

■カ行

概念化　92
概念階層　93
概念定義　93
架空名義入札　46
仮想知識ベース VKB　10
仮想的企業　90
企業-企業間 EC　4
企業-消費者間 EC　4
協調フィルタリング　73
協調フィルタリング法　68
共通価値　35, 44
キーワードベクトル　78

具象性　96
形式性　96
系列　90
交差マッチング型リコメンデーション　84
交差マッチング方式　77
行動履歴　61
購買履歴　76
語句の選定　93
個人価値　34
個人合理性　33
コミュニティマーケティング　60
コンテンツデータベース　76
コンテンツ分析　75
コンテンツ分析法　68
コンピュータの技術革新　89
コンポーネントウェア　117

■サ行

支配戦略　33, 36
支配戦略均衡　36
収入同値定理　32
主催者の嘘　46
準線形　33
順マッチング型リコメンデーション　83
順マッチング方式　77
勝者の災い　44
消費者-消費者間 EC　4
商品情報データベース　64
情報推薦システム　59, 62
情報の非対称性　90

索引　**137**

職能　90
推論プリミティブ　109
ステートストリート銀行特許訴訟　114
戦略　36
相関価値　35
ソフトウェアライフサイクル　118

■タ行

第一価格秘密入札　30, 37
代替財　35
第二価格秘密入札　31, 39
ただ乗り　43
談合　46
チェックボックス方式　66
知識工学　91
知識システム　109
知識分析　109
知識ベース　91
知的エージェント環境　9
抽象度　96
ツークリック　116
データベースエージェント　10
電子データ交換　5
統一価格入札方式　40
同時多数回オークション　40
トラフィックの技術革新　89

■ナ行

ナッシュ均衡　36

■ハ行

配送業　109
ハイブリッド法　68
バックボーン　89
ハブアンドスポーク特許　114

パレート効率的　33
バーンズ＆ノーブル　116
ビジネスアイデア　96
ビジネスタスク　103
ビジネスタスクオントロジ　106
ビジネスプロセスプリミティブ　109
ビジネス方法除外の法則　114
ビジネス方法特許　113
ビジネスモデル　97
ビジネスモデル特許　113
ファシリテータ　10
フリーライダ　43
ブレーンストーミング　93
米国特許庁　117
米国特許分類　705, 117
米国連邦通信委員会　54
ベストプラクティス　97
補完財　35
ホテルセキュリティ事件　114

■マ行

メカニズムデザイン　32

■ヤ行

ユーザエージェント　10

■ラ行

リコメンダシステム　59
リコメンダシステム方式　66
リコメンデーションシステム　59
リスク回避型　34
リスク中立型　34
粒度　96
ルールベース方式　66
レベル付分割セットプロトコル　51

■ワ行

ワークエリア　93
ワークフロー　110
ワンクリック特許訴訟　115

■英数字

Amazon.com　75
BISAC Subject Category　79
BPR　117
Brill's English Tagger　80
Broker　101
BtoB　4, 89
BtoC　4, 60, 89
Collaborative Filtering Method　68
CommonKADS　109
Contents Analysis Method　68
CORBA　117
Creator　101
CtoC　4, 60
Distributor　101
Extractor　103
e コマース　60, 89
e ビジネスプロセスハンドブック　96
e マーケットプレイス　5
Fab　71
FCC　54
FireFly　71
GNU　116
GroupLens　69
Hybrid Method　68
IDF　81
IT 革命　89
JavaBeans　118
KIF　11
KQML　10
M+1st price auction　40
Meat-Ontology　93
M-th price auction　40
Net Perception　69
Recommendation System　59
Recommender System　59
SemanticWeb　92
Service Provider　103
Tapestry　69
TF　81
$TFIDF$　81
Trading Agent Competition　55
TwinFinder　77
Vickrey オークション　31, 39
Web ストア　109
W.Vickrey　31

<著者・編者略歴>

菅坂玉美 (すがさかたまみ)
　学歴　大阪大学工学部通信工学科卒業（1979）
　　　　大阪大学大学院工学研究科博士後期課程修了（1984）
　現在　富士通研究所

横尾　真 (よこおまこと)
　学歴　東京大学工学部電子工学科卒業（1984）
　　　　東京大学大学院修士課程修了（1986）
　　　　東京大学工学系研究科電子情報工学専攻工学博士号取得（1995）
　現在　NTTコミュニケーション科学基礎研究所特別研究員

寺野隆雄 (てらのたかお)
　学歴　東京大学工学部計数工学科卒業（1976）
　　　　東京大学情報工学科修士課程終了（1978）
　　　　東京工業大学工学博士号取得（1991）
　現在　筑波大学ビジネス科学研究科企業科学専攻教授

山口高平 (やまぐちたかひら)
　学歴　大阪大学工学部通信工学科卒業（1979）
　　　　大阪大学大学院工学研究科博士後期課程修了（1984）
　現在　静岡大学情報学部情報科学科教授

北村泰彦 (きたむらやすひこ)
　学歴　大阪大学基礎工学部情報工学科卒業（1983）
　　　　大阪大学大学院基礎工学研究科博士課程修了（1988）
　現在　大阪市立大学大学院工学研究科電子情報系専攻助教授

山田誠二 (やまだせいじ)
　学歴　大阪大学基礎工学部制御工学科卒業（1984）
　　　　大阪大学大学院基礎工学研究科博士課程修了（1989）
　現在　国立情報学研究所教授

インターネットの知的情報技術
eビジネスの理論と応用

2003年1月10日 第1版1刷発行	著 者 菅坂玉美
	横尾　真
	寺野隆雄
	山口高平
	編 者 北村泰彦
	山田誠二
	発行者 学校法人 東京電機大学
	代表者 丸山孝一郎
	発行所 東京電機大学出版局
	〒101-8457
	東京都千代田区神田錦町2-2
	振替口座　00160-5-71715
	電話　(03)5280-3433(営業)
	(03)5280-3422(編集)

印刷　東京書籍印刷㈱　　　　Ⓒ Sugasaka Tamami,
製本　渡辺製本㈱　　　　　　　Yokoo Makoto,
装丁　右澤康之　　　　　　　　Terano Takao,
　　　　　　　　　　　　　　　Yamaguchi Takahira,
　　　　　　　　　　　　　　　Kiramura Yasuhiko,
　　　　　　　　　　　　　　　Yamada Seiji 2002,
　　　　　　　　　　　　　　　Printed in Japan

＊無断で転載することを禁じます。
＊落丁・乱丁本はお取替えいたします。

ISBN4-501-53540-7　C-3004